阳光语思
Sunshine Reflections

——陈思文集
Serena Chen Wright

Dixie W Publishing Corporation U.S.A.
美国南方出版社

阳光语思：陈思文集

责任编辑：吴　蕾
版面设计：张　蕾

Sunshine Reflections © 2022 by Serena Chen Wright

Published by
Dixie W Publishing Corporation
Montgomery, Alabama, U.S.A.
http://www.dixiewpublishing.com

All rights reserved.
No part of this book may be reproduced in any form or by any electronic or mechanical means including information storage and retrieval systems, without permission in writing from the publisher. The only exception is by a reviewer, who may quote short excerpts in a review.

本书由美国南方出版社出版
· 版权所有　侵权必究 ·
2022 年 5 月 DWPC 第一版

开本：229mm x 152mm
Library of Congress Control Number: 2022938196
美国国会图书馆编目号码：2022938196

国际标准书号 ISBN-13: 978-1-68372-453-7

作者简介

姓名：陈思
性别：女
出生日期：2008 年 4 月 25 号　　13 岁
出生地点：美国北卡罗来纳州 NC
学校年级：美国北卡罗来纳州 McDougle Middle School
　　　　　八年级

写作类奖项：
◆ 2017 年 12 月《侨报》第六届美国少年儿童中文大赛南北卡州儿童组第一名
　◆ 2018 年 8 月海外华裔青少年创意作文大赛二等奖
　◆ 2018 年 10 月首届《童话里的世界》童话故事创作大赛优胜奖

◆ 2018 年 12 月《侨报》第七届美国少年儿童中文大赛南北卡州儿童组第一名

◆ 2019 年 1 月《侨报》第七届美国少年儿童中文大赛全美儿童组第三名

◆ 2019 年 5 月在【华人头条】卡罗莱纳站首开小作家专栏【阳光语思】

◆ 2019 年 8 月海外华裔青少年创意作文大赛一等奖

◆ 2019 年 9 月被《侨报》评为十佳小记者

◆ 2020 年 10 月中秋首届《一封家书》全球华文征文竞赛中被美国媒体人征文比赛评委会授予少年作者奖

◆ 2020 年 12 月海外华裔青少年创意作文大赛一等奖

◆ 2020 年 12 月被《侨报》评为优秀小记者

◆ 2021 年 12 月海外华裔青少年创意作文大赛二等奖

序 言

我出生在一个中西合璧的家庭。自出生以来，关于中国文化和美食的故事就悄悄地开始了……

从我三岁起，妈妈就一直教我中文，现在我已经可以无障碍地用中文交流和写作了。与此同时，中国文化的博大精深也深深地吸引着我。

我的爱好可多了呢！吹葫芦丝，看书、画画儿、养多肉植物、弹钢琴，我都喜欢！

我最喜欢的还是学语言。虽然写一篇文章总是要花很长时间，有的时候要花上好几天！但是我很喜欢把我的想法写出来。而且，我也在双语学校学西班牙文，希望最终我也可以用西班牙文表达自己的感情。

妈妈是我最爱的人，中文是妈妈的母语。我要把我的心里话用她最喜欢的语言告诉她……

目 录 Contents

第一部分 散文类

糖葫芦，你到底是什么味道？ 2

雾中的浆果 4

从诺贝尔文学奖想到的——《卖白菜》读后感 5

琴声秋色里的纽约 7

记忆中的杨梅 9

我和 S 老师的缘分 11

好想去旅行 13

北卡的紫藤萝 15

给妈妈点赞 16

快乐一行人 18

幸福包在汤圆里 20

认养狐猴 22

我的闪闪走了 24

我家的饺子 26

大红石榴 28

听，雪落下的声音 30

有特异功能的孩子 32

亲吻大地的植物 34

西班牙人过年的习俗 35

小草 37

意面的魅力 38

我未来的家 40

剪头发 42

不可替代的纸质书 43

这事有点烦 45

我家院子里的入侵者——牛奶子 47

两位出租司机 49

那些未完成的作品 50

左撇子 51

想北京 53

晒晒我的笔记本 55

《城南旧事》读后感 57

一件让我内疚的事 59

春天，想说爱你不容易 61

大自然的馈赠——北卡野柿子 62

我想见见小时候的妈妈 64

我是老鼠代言人 66

快乐过冬的小动物 67

中国蹲 VS 美国蹲 ……………………………………… 68

牛 …………………………………………………………… 69

"中美"关系很好 ………………………………………… 70

我为多肉植物狂 ………………………………………… 72

我的一天 ………………………………………………… 73

第二部分 游记类

瓦萨沉船博物馆 ………………………………………… 76

圣托里尼的音乐体验 …………………………………… 78

安徒生的故居 …………………………………………… 82

这地方，让我想起奶奶 ………………………………… 86

维京人生活的点滴 ……………………………………… 88

桥上的花园 ……………………………………………… 91

在美国的中国房子 ……………………………………… 93

瓦尔登湖 ………………………………………………… 96

巫婆镇 …………………………………………………… 99

美国诗人卡尔桑德堡 …………………………………… 101

北卡农场的秋色 ………………………………………… 103

鬼桥 ……………………………………………………… 105

粽子的前世今生 ………………………………………… 107

走进鲁迅的"小世界" ………………………………… 109

茫茫竹海任我游 111

我出"远门"了 113

西班牙的香甜味 115

我吃了一顿"皇家饭" 117

赏鸟 119

寻根记 120

这么窄的楼梯怎么爬 122

圆明园和荷花 123

阿尔罕布拉宫掠影 124

第三部分 童话类

小云飘飘成长记 126

小包子历险记 128

女孩和葫芦们 130

最后的任务 132

吱吱城童话故事系列 1《吱吱吱牙医诊所》 133

吱吱城童话系列故事 2《吱吱城进入紧急状态》 136

吱吱城童话系列故事 3《吱吱牌口罩》 138

吱吱城童话系列故事 4《夜游狂花城》 140

吱吱城童话系列故事 5《神奇的瓢虫》 142

吱吱城童话系列故事 6《鼠小米万圣节出游》 144

吱吱城童话系列故事 7《老鼠代言人巧遇鼠小米》 147

吱吱城童话系列故事 8《鼠小米巧遇钙钙》 149

吱吱城童话系列故事 9《天鹅的烦恼》 151

吱吱城童话系列故事 10《新开张的面包店》 154

第四部分 诗歌类

瑞典的冬天 158

孙悟空中餐厅 159

丹麦的煎饼 160

姜饼屋 161

蜥蜴呓语 162

蓝莓的味道 164

小鹿 165

窗户上的叶子 166

月光桥 167

月亮上的派对 168

刀子和叉子 169

新家 170

枫叶的一生 171

中秋小诗二则 172

姥姥的抽屉 173

父爱——献给天下所有的好爸爸 174

第五部分　科幻类

星宇学校 176

第六部分　童话舞台剧

春天来了 179

第七部分　西班牙文译文

忧郁美丽的蝴蝶 182
鲨鱼和三文鱼 183
新年快乐 184
春天 185
冬先生 186

第八部分　英文译文

泡泡 188
夏天的草 188
汤 189
星星 189

第一部分 散文类

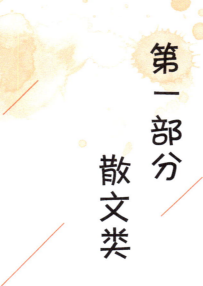

糖葫芦，你到底是什么味道？

"糖葫芦好看它竹签儿穿，象征幸福和团圆……"每次听到妈妈放这首歌，那红色的、长长的、晶莹剔透的糖葫芦就会浮现在我的眼前，久久挥之不去。

我是在美国出生长大的孩子。虽然我能说一口流利的中文，对许多常见的中国美食也如数家珍。但由于美国没有寒假，我不能冬天回中国过春节，对这一极具季节特色的美食，也只有望洋兴叹的份儿了。

（一）北卡版糖葫芦

我现在住在美国的北卡州，和江苏省的气候十分相似。这里居住的中国人一年比一年多，这不，我们也开始举办大型的春节庆祝活动了！

北卡版糖葫芦居然惊现在春节的食品摊位中。它三个一串，外面裹着红色的糖稀，但主料山楂——是用一种墨西哥的黄色山楂代替的，糖稀里加入了甜菜根的天然色，使它看上去更像中国的糖葫芦。

妈妈尝了一口，冲我眨眨眼睛说："我吃的是吃糖葫芦的感觉，不是糖葫芦的味道。"唉！我不想尝了。对于一个虔诚的、有追求的吃货来说，寻找正宗的，才是我的终结目标。

（二）纽约版糖葫芦

前不久，我去纽约参加某中文报刊的中文大赛，中国城的美食寻宝也自然而然地成了重要行程之一。在街上林林总总的水果和蔬菜中，妈妈那双"火眼金睛"，居然在个不起眼的角落里，看到了在塑料套里装着的糖葫芦。它们四个一串，裹着厚厚的糖稀，最重要的是——用真山楂做的！

妈妈尝了一口，眼睛一亮，把糖葫芦举到我面前，略微有点儿兴奋地说："味道已经很接近了，就是糖有点粘牙，山楂核儿也没剔出来。" 唉！我将刚要伸出去的手又放回到口袋里。离目标越来越近了，也许很快就会和我"朝思暮想"的它见面了。

（三）传说中的糖葫芦

据妈妈说，她小时候吃的是七八个串在一起，裹着薄薄的琥珀色糖稀，吃起来不粘牙，咬起来脆脆的那种。她还见过邻居家的孩子从庙会"扛"回来的，一米多长，起码有二十个山楂串在上面，顶上插着小三角旗的那种。妈妈总是羡慕地看着，感觉那个孩子简直太拉风了。

糖葫芦对我来说已经不仅仅是美食了，太多的情感、想象、家乡熟悉的味道都集聚在它身上。它那红红的颜色，像春节的灯笼，充满了年味儿。

我和妈妈已经达成了协议：如果我今年能在中文学习上取得更大的进步，明年春节就可以请几天假回中国，去感受一下故乡的年味儿。

正在读我文章的小朋友和大朋友们，在你们逛街时，要替我多看一眼糖葫芦呦，我还想对你们说——"愿君'多多吃'，此物最相思"。

糖葫芦呀，你到底是什么味道？

雾中的浆果

我走在一条瑞典马尔默小城的街道上。周围雾气缭绕,仔细看,才能看到路旁淡黄色的街灯。刺骨的寒意时常会钻进我厚厚的大衣。虽然没下雪,但灰白色的天空总给我一种要下雪的感觉。

厚重的雾里出现了几点红。它们非常小,比我的指甲盖大不了多少,可那鲜艳饱满、坚硬光滑的外皮在暗淡的环境中格外惹眼。走近一看,原来是一颗颗红彤彤的浆果。它们一串一串地生长在没有叶子的枝条上,好像在为什么高兴事儿笑着。我看到它们时,心里那个被浓雾遮住的太阳好像又露出来了,心里顿时充满了光与热。

浆果们红得骄傲,仿佛在嘲笑冬天里呼啸的寒风和笼罩的浓雾。我从没见过梅花,但从古人诗句里的意境看来,梅花也有和这浆果同样的内涵和精神。

果子在为谁红呢?是为了冬天孤独的行人,还是为了它们自己呢?它们绽放着美丽,孤独的美丽,傲骨的美丽。路过它们的行人会被它们积极向上的精神所感染,为它们的美丽所折服。其实,浆果们是无所谓的,它们还是继续自顾自地快乐着。

对浆果们来说,即使是寒冷的冬天,它们也能找到属于自己的快乐。如果我也能学会这种精神,在面对孤独的时刻,可以把消极情绪转化成欢喜那该有多好!

我感慨万千地离开时,浆果们依然红着。

从诺贝尔文学奖想到的
——《卖白菜》读后感

　　瑞典的诺贝尔奖博物馆一直是我很想去的一个地方。它位于斯德哥尔摩的老城区，也正处于热闹的圣诞市场旁。我在 12 月底终于利用假期的时间参观了这里，看到了中国作家莫言的照片和关于他的介绍。

　　关于莫言，我只读过一篇他的文章《卖白菜》，但印象非常深刻。

　　《卖白菜》是一篇关于莫言童年的文章。文章以小白菜为线索，通过莫言和母亲卖白菜的心路历程，讲述了一段令无数人为之动容的故事。

　　《卖白菜》中的语言简单易懂，细节丰富，画面感强。在看的过程中，我的情绪会随着小白菜的命运跌宕起伏，最后几乎掩卷而泣。

　　莫言和她的母亲正在去集市卖白菜的路上，其中一个最小的白菜从莫言的篓子里掉了出来，滚进了路旁结了冰的水沟里。然后，文章里就有了这么一句话："母亲将那棵白菜放进篓子，原本是十分生气的样子，但也许是看到我哭得真诚，也许是看到了我黑黢黢的手背上那些已经溃烂的冻疮，母亲的脸色缓和了，没有打我也没有再骂我，只是用一种让我感到温暖的腔调说：'不中用，把饭吃到哪里去了？'"从母亲表情和语气的改变，我仿佛能感受到母亲对家境的无奈，和对孩子的疼爱。

　　因为这是一个伤心的故事，所以看的时候难免会有些压抑。但是，《卖白菜》里也有一点令人感到既好笑又心疼的幽默感。比如，当莫言和母亲来到了集市，他们碰到了一个想买他们白菜的老太太。老太太不停地包着最小的白菜外层的黄叶子，还说莫言家的白菜包得不够紧。于是，他忍不住说："再紧就成了石头蛋子了！"这形容很形象幽默。

在同一场景里，我又发现了一个生动的句子："我看着那棵被剥成了核的白菜，眼前出现了它在生长的各个阶段的模样，心中感到阵阵忧伤。"这棵小白菜是非常特殊的。因为它从小就比别的白菜弱小，所以莫言和母亲一直都宠着它。它个头虽小，但叶子包得非常紧。文章里，莫言经常用拟人手法形容小白菜，让读者也喜欢上它。读到这里，我非常为小白菜打抱不平，真是一棵命运多舛的小白菜呀！

这个故事是没有圆满结局的。老太太把白菜叶包完了以后，决定付钱，但是她和莫言的母亲算数都不好。于是，莫言用了他刚学的乘法算出了价钱，然后就去学校了。他下学后回到家，发现结局是这样的："等我放了学回家后，一进屋就看到母亲正坐在灶前发呆。那个蜡条篓子摆在她的身边，三棵白菜都在篓子里，那棵最小的因为被老太太剥去了干帮子，已经受了严重的冻伤。我的心猛地往下一沉，知道最坏的事情已经发生了。母亲抬起头，眼睛红红地看着我，过了许久，用一种让我终生难忘的声音说：'孩子，你怎么能这样呢？你怎么能多算人家一毛钱呢？'"这段对母亲的动作描写非常细，从发呆，抬起头，看向莫言，然后再悲伤地说话。母亲说话之前长时间的停顿，表示了她当时对"不诚实"孩子的失望，小时的莫言感受到了。我也感受到了。

《卖白菜》中的每个角色（莫言、莫言的母亲和老太太）都有着鲜明清晰的个性。文章把莫言对小白菜的情、莫言对母亲的情、母亲对莫言的情都表达了出来。我被这"情"深深打动了。

这篇文章也再次让我意识到细节、动词和心理描写的重要性。另外，我的生活环境和莫言的生活环境迥然不同，他让我了解到了有的人的生活还可以这样苦呀！

琴声秋色里的纽约

我不是第一次来纽约了。我见过冬天的纽约和夏天的纽约。这次，我感受到了纽约的秋色。

猛地一看，秋天的纽约跟别的季节的纽约也没有什么不同。四处的声音依然嘈杂，空气中也依旧有着烟和汽油的大城市味道。目中无人，淡然行走的鸽子，也是纽约的标志之一。不知什么缘故，大群的鸽子时常会突然腾空而起，冲向灰蓝色的天空。街上人们都毫不在意它们，依旧急匆匆地行走着。

仔细观察，纽约也有一些只能在秋天才能看到的景色。街道旁的树上少了些叶子，每一棵好像都展现出来自己的骨感身材，但还有些不同颜色的叶子依旧不舍得离开大树，挂在树枝上摇曳生姿，随风起舞。大花坛里开着很多在秋天才开的花。这些花开得恣意舒展，惹来了小麻雀啁啾跳跃其间。

我在逛街时，发现一个 Día de los Muertos（一个来自墨西哥的有点像万圣节的节日）的庆祝活动。琳琅满目的小摊卖着各种墨西哥的食物和小玩意儿。骷髅装饰、万寿菊和别的节日象征物在小摊的中心摆成了各种图案。那里的人们穿着颜色鲜艳的墨西哥传统服装，吃着热腾腾的 taco。对我来说，狂欢的人群和热闹的场景也是一种美景。

我以前来纽约是为了参加中文比赛和旅游。而这次，我在一个国际钢琴比赛中赢了第二名，并且得到了一次在卡内基音乐厅演奏钢琴的机会。我是第一次去这么有名的音乐厅演奏。

演出那天，我万万没想到副总统也在卡内基音乐厅里的其中一个剧场里讲话。这就有点麻烦了！抗议人群趁此机会，聚集在音乐厅外。他们举着牌子，高喊着口号。

那时的我心惊胆战，我从来没有看过这样的抗议场面。抗议者的口号声和警车的警灯，加速了我已经本已紧张的心跳。我只想赶快进入音乐厅内，离开吵闹的人群。

偏偏在这时，妈妈拿出了手机，准备给我拍一张在卡内基音乐厅的纪念照。我火冒三丈，这样的环境里妈妈竟然还想着拍照！但妈妈说："如果现在不拍照，以后可能就没机会了。"最后，我也只能无奈地挤出了一个灿烂的假笑，把妈妈敷衍了过去。

我们穿过了许多喊口号的人和警察，终于来到了卡内基音乐厅的门前。因为我是表演者，所以我需要从后门进入音乐厅。好不容易到了后门，一个警察拦住了我，狐疑地看着我，问："你有通行卡吗？如果你想进入音乐厅，请用前门。因为今天副总统在，安检非常严格。"紧接着，他又友好地提议："你到前面找Tommy 和 Daniel，出示你的演员通行卡，他们会帮你的。"我们又好不容易绕到前门，两位警察果然把我顺利地带入了演出大厅后台。

一进门，万籁俱静。我感觉到了一个新的世界一样，这里没有吵闹，没有抗议，只有美丽的音乐世界。我忐忑不安的心静下来了。难道这两个都是现实世界吗？

演出之前，小心脏再次提起。谁会在上台前不紧张呢！

演出还算成功。当我如释重负地走到音乐厅外时，夜已深了。抗议人群早就已经离开了，纽约的夜晚又平静了。

人们用苹果形容纽约，苹果象征着收获和喜悦。它对我来说，就是这样的。走在街上，琴声依旧荡漾在耳边，秋风的呢喃裹着我。我爱这一城斑斓，一城繁华，一城舒扬。

记忆中的杨梅

在美国的超市里，人们随时都可以买到不分节气的新鲜水果。我最喜欢的一种水果是在任何一家美国超市和任何季节都买不到的，那就是——杨梅。

某年的夏日。苏州。某一车站前。两筐红得发黑的果子，几片绿叶裹在筐边。旁边，一位老奶奶头戴白白的干干净净的头巾，一身黑衣。

我当时的好奇心就像一只小兔子，砰地跳出来，变成了一句话："请问这是什么水果呀？"妈妈抢过话茬，答："杨梅"。紧接着，又转头问那位奶奶，"多少钱呀？""麻烦您来二斤。"

我和妈妈拎着装满杨梅的小袋子回到了饭店。妈妈先用水冲了冲杨梅，然后把杨梅放进盐水里。我问："为什么要把杨梅放进盐水里呢？"妈妈一边把盐水里的杨梅拿出来一边说："果刺会磨破舌尖味蕾，盐水可以减轻对味蕾的刺激。还有呀，也可以消毒。"

杨梅从盐水里捞出，装盘，上桌。仔细看了看桌上那比乒乓球小一点的杨梅，它们个个都由很多细丝组成。咬一口，酸甜的红色汁水溢满口中，细丝在舌头上"跳舞"。两三口，我就把一个杨梅吃完了。杨梅的汁水粘在我的手上和嘴上，让我开始觉得整个世界都被染红了。妈妈看着丑态百出的我，不停地笑。

这汁水太醉人了。吃了几颗后，嘴里有化不开的甜。这强烈的味觉冲击，以前我从未体验过。

"不要吃太多了，杨梅是酸性的，吃太多了会胃疼的！"妈妈见我还在狂吃，连忙叫停。我也只好罢手。

自从那时开始，我就爱上了杨梅。杨梅不仅味道好，而且还开胃健脾、生津止渴、消暑除烦，是一种很适合在夏天吃的水果。

可惜在美国吃不到。

献上一首小诗给我那最想念的杨梅。

黑红杨梅一满筐，
绿叶裹在筐边上。
酸甜清香有回味，
独特口感怎能忘。

——《记忆中的杨梅》

我和S老师的缘分

新的学期开始了。大多数学生都回到了学校上课，但因为疫情还是严重，学校也同时提供了网课。我很想选择网课，但网课不提供西班牙文课。我上的是双语班，不能因为这个原因就此放弃呀。

经过深思熟虑，我想到了几年前认识的这位西班牙文老师——S老师。于是，我和S老师又联系上了，她同意在网课期间做我的私人教师。

这让我想起我在疫情前写的关于S老师的文章。为了纪念我和S老师的缘分，也为了让读者更加了解她，我把这篇文章改了改，借此机会发表出来。

有趣的S老师

上星期，当我拿到西班牙文考试成绩A后，不由得想起了一位非常值得我尊敬的老师——S老师。

三年前的暑假，我和妈妈到哥斯达黎加去旅游并学习语言。在一个叫SAMARA的海边小镇，我们找到了一位S老师，她在一所国际语言学校教西班牙文。

她是一个典型的南美女人，大约40岁。卷曲的头发披肩，炯炯有神的大眼睛透着聪明。皮肤棕黑，打扮随意，一副爱运动的样子。后来得知，她也确实喜欢骑车。只要在校园门口看到她的自行车，我就知道她已经到了。她从小喜欢学习语言，是个能说六种语言的，真正的语言学家！

S老师以一对一的授课方式教我，这就给了她不少灵活教学的机会。我们不仅在教室里学，而且还可以在超市里边买东西边学。记得我们在买芭蕉时，S老师指着大芭蕉和小香蕉，微笑而神秘地问我："你知道它们的区别吗？"我就傻头傻脑地回答："一个大一个小。"她哈哈大笑，随之便告诉我一堆西班牙文，如香蕉不同的名称、味道、口感、生熟度……

SAMARA的沙滩是美丽迷人的！绵延无尽的白色沙滩和成排的绿油油的棕榈树，比照片上的风景还美。沙滩里钻来钻去的小螃蟹实在是可爱，捕捉它们给我带来了无限乐趣。

我们约好了和S老师在海边见面。妈妈记得很清楚的是——和S老师谈——是否应该教非母语孩子学习语法。S老师认为应该教，因为如果孩子已经说了几年错误的句型，以后很难改掉。妈妈当时听后，表情十分激动，连连表示同意。大概是多年以来认同她的观点的人并不多，这次得到了S老师的支持，妈妈终于找到了一个同路人。

从那时开始，我一直比别的孩子更重视西班牙语的语法学习。虽然班上母语的同学词汇量比我多，但经过几年下来的积累，我的文章比多数孩子写得好。这都是S老师的功劳。

在学习知识的海洋上，老师就像航标灯。有了S老师的正确指导，我就可以正确掌握学习方向，可以事半功倍。

我这两天就要把A的成绩单发给S老师，对她表示感谢！也想了解她的近况，祝她一切都好！

（完）

现在S老师住在夏威夷，还在学校里教西班牙文。每星期我都会和S老师上两次网课。上课的时候，我们谈天说地，轻松愉快。这可比在学校上课好玩多了。

S老师依然很喜欢学语言。她问我能不能教她中文，我愉快地答应了。她成了我的第一个学生！

每次上网课，S老师教完西班牙文，我就教她一点中文。她的舌头像鹦鹉的舌头一样灵活，很快就学会了拼音。下次，我就可以教正式的对话了。S老师真是太厉害了！

真没想到这么多年后，S老师又出现在我的生活里了。我一定要珍惜这种缘分。

好想去旅行

春去春又来，一晃一年多就过去了。我感觉自己就像院子里的树，根已经牢牢地扎进家的这片土壤里。什么时候才能出去玩呀？！

妈妈总说，要做一个心灵丰富的人；要培养快乐的思想。可是，心灵的花也是需要浇灌的呀。

现在，我最想做的事情就是旅行。

旅行有许多好处，它让我开阔了眼界，也让我学到了很多新知识。我去过的地方和经历的事情都变成了珍贵的回忆。当然，这种回忆也可以变成作文素材。

旅行的时候可以一边学习新知识一边玩。记得我在中国的时候，妈妈经常会让我读路边各种牌子上的字。用这个方法，我学会了很多新的中文字，而且还不感觉枯燥。有时，牌子上写的内容会很有意思，这就逗得我们大笑起来。好像有句话是"笑声撒一路"，那就是用来形容那时的我和妈妈的。

还记得一些现在我才能理解的往事。比如，等公交车和地铁总是很烦的，妈妈会让我数还有几站才到目的地，还告诉我每一站附近的景点。因此，我学会了看地铁图，也记住了很多车站的名字，比如"磁器口"和"北京体育馆西"。不仅如此，她还总是说自己眼睛不好，让我往远处看，看车是不是快到了，其实是为了消磨时间，让我有个盼头。

虽然现在我还不能旅行，但是我已经在做旅行的准备了。我们一直想去成都，可妈妈说我还不能吃辣，所以不能去。这一年来，我开始练习吃辣的本领。从能吃微辣到中辣，现在的我正在"冲向"特辣。我知道如果疫情不结束，即使变成吃辣大王也是不能去的。

成都市附近的乐山大佛谁不知道呢！听说，人们可以钻到大佛的耳朵里，不知道是不是真的。反正，我一定要到那里去看一看。

好希望自己能变成云朵，飘到另一个国家；或者，变成骑鹅旅行记里的尼尔斯，坐在鹅的背上飞到北欧。北欧诸国本来也是我去年夏天准备开启的寻根之旅。

真的好想去旅行！大家一定都和我有同感吧！

北卡的紫藤萝

四月初到四月中,坐车出门经常会看到开着紫色花朵的藤蔓。这种常见的藤蔓长在马路旁、房子边、树林里和电线杆上。淡紫色的花朵像一串一串的葡萄,挂在平常随处可见的地方,非常惹人注目。好奇心再次驱使我在 APP 上面找答案,原来它就是我似乎熟悉可又没见过的紫藤萝。

我记得一篇叫《紫藤萝瀑布》的文章里写到:"过了这么多年,藤萝又开花了,而且开得这样盛,这样密,紫色的瀑布遮住了粗壮的盘虬卧龙般的枝干,不断地流着,流着,流向人的心底。"我看到的藤蔓只不过是路旁的野花,怎么会是高贵的紫藤萝呢?

我开始疑惑,这两种藤蔓的气质完全不同。

我看到过中国和日本紫藤萝的图片。图片里的藤萝花修剪得整整齐齐,一串接着一串,从花架子上垂下来像紫色的窗帘。每一串花朵都很长,花比叶子还多,还茂盛。北卡的紫藤萝花串短些,叶子多些,不像亚洲的紫藤萝那么有序。这种紫藤萝有着一种野花之美。

这两种完全不同的紫藤萝让我联想到不同性格的人。亚洲的紫藤萝像是打扮整齐的宫女,性格安静,举止优雅,可略显拘谨。美国的紫藤萝像是爱运动的美国少女,性格热情活泼,喜欢自由,可又略显散漫。

美是不可比较的吧,我想。就好像我不可能每天都穿同样的衣服,无论我怎么喜欢它。

有机会一定要去看看亚洲的紫藤萝,希望它们不会让我失望。

给妈妈点赞

以下是我三年前写的一篇文章。现在的我跟以前很不一样了，长大了。但我对妈妈的感情还是一样深的，也许更深。

以前我太小了，很多事都做不了。每当我不知道怎么办的时候，妈妈就会替我办完这些事情。但现在，当我遇到不会处理的事情，妈妈就会告诉我怎样处理，然后让我自己完成。这样，我下次处理类似的事情时就知道该怎么做了。

我的文章里提到，我会给妈妈的手摸油。现在，我越来越忙了，也想不起来给妈妈摸油了。其实，我很想回到童年，再次无忧无虑地和妈妈度过每一天，但这当然是不可能了。长大了的我会用另外一种方式报答妈妈对我的爱——取得好成绩。如果我考上了一个好大学，以后过上幸福的生活，妈妈一定也会高兴的吧。

张晓风的一篇叫《母亲的羽衣》文章里写道——所有的母亲以前都是仙女变的。当她们决定变成妈妈的时候，就把美丽的羽衣放在箱子里，因为她们已不忍飞去，再也不忍离开孩子了。我的妈妈也是这样，她放弃了工作和在中国的朋友，选择了成为一位母亲。我要谢谢她，谢谢她选择把我带到这个世界，和我永远在一起。

我长大了，越来越独立了，但我永远都不会忘记妈妈对我的帮助和照顾。三年后的我，依然要再给妈妈点一个赞！

给妈妈点赞

要在母亲节写一篇作文，我脱口而出："给妈妈点赞！"我早就想写关于妈妈的文章了，我有太多想对妈妈说的话，这题目正合我意！

妈妈中等身材，不胖不瘦，有一双粗糙的手。这双手是一双勤劳的手，是一双给予我爱的手。我每天都给妈妈的手抹油，一边抹一边聊天。聊得哈哈大笑时，妈妈就摸着眼角说："别逗我了，我的皱纹会更深的！"

妈妈是我的中文老师。她从我三岁起就开始教我中文，用的方法我至今难忘。她做了一些中文字的卡片，我们去游乐场的时候，妈妈把卡片埋在沙堆里让我找，我找到时就要念出上面的字。这个游戏叫"寻找宝藏"，我们总是玩得不亦乐乎。我喜欢学中文，都是因为有了妈妈这样一个好老师！

妈妈是一个出色的厨师。她会做世界各地的饭，不管是西班牙的海鲜饭还是中国的西红柿火锅，都是她的拿手好菜。她还能做香甜可口的小甜点，一看就让人流口水。前两天，我刚过了十岁的生日，她还给我做了生日蛋糕呢！我不喜欢吃有好多奶油的蛋糕，妈妈就做了一个没有奶油的蛋糕。蛋糕上有好多梅，还有好多巧克力。

妈妈是一个很有爱心的人。她不仅爱我，也爱在中国的姥姥姥爷。姥爷生病的时候，妈妈就帮姥爷想办法治病，在网上查资料，给他打电话给姥爷问好。

妈妈是一个守时守信的人。有一次，妈妈要给她的朋友从北京带回一种药。我和妈妈找了一家又一家小店，我们没有找到。天气很热，我走得满头大汗，就跟妈妈说："别找了！"妈妈坚决地回答："再坚持一下吧！我们一定要守信用。"

跟妈妈在一起，每天都过得很充实，她是我的好榜样。我永远都会爱她，我给妈妈点一个最大的赞！

快乐一行人

我从小学到现在上的中学，一直都在双语（西班牙文和英文）学校。周围的同学都不会说中文，我是同年级里唯一的一个中美混血儿。也正是因为这点，我的"地位"显得有些特殊。

凡是关于中国的事，他们都来问我。最感兴趣的问题之一是——他们自己的中文名字。

我在学校有两个最要好的朋友。

Aylin 是墨西哥人。她有着黑得发亮的头发，稍微有一点胖的身体，黄皮肤和圆圆的笑脸。她虽然有一点胖，可动作还算是敏捷。最喜欢做的事大概就是吓唬我玩，搞恶作剧。由于她爱好广泛，我就给她起名叫张世界。

Lucy 是土生土长的美国人。棕色的头发里面透着一点红色，每天她都梳着鱼尾辫。大大的眼睛和瘦瘦的身体，皮肤浅的都能看到血管。她永远那么活跃，从这里跳到那里，鱼尾辫在她肩上随着跳动。她的中文名是李毛衣，因为她喜欢做各种手工，特别是做毛绒玩具和织毛衣。

我们三个都有不一样的文化背景，相互之间可以学到很多有意思的知识。特别聊得来！

张世界告诉了我墨西哥大卷子（burrito）和墨西哥小卷子（taco）的不同。她非常细心地说："这两种卷子里面都有肉末、奶酪、生菜和西红柿。小卷子只有这些，可是大卷子里面东西多一点，大米、黑豆、牛油果和酸奶油。味道不同，这和大小无关。"

我于是就给她介绍了春饼，她立刻跃跃欲试，恨不得马上就尝一尝。

李毛衣也喜欢跟我说关于美国文化的事。她经常会给我唱很多美国歌曲，比如圣诞节的《红鼻子鹿》Rudolph the red nosed reindeer，一边唱一边像小兔子一样跳，快乐无比。前两天，她还亲手制作了一只小鸟送给我,可真是心灵手巧呀!

我给李毛衣画中国的灯笼,她说很好玩,自己在家里也想过春节。

最近我给她俩出了个关于中国文化的测试题。我说:"谁答对百分之八十以上,我就给谁中国的山楂球。"

问题一:中国人过春节最喜欢的颜色是什么?

A 黑色

B 红色

C 白色

D 紫色

问题二:肚子疼或不舒服时,应该喝什么?

A 果汁

B 牛奶

C 冰水

D 热水

这样的问题大概共有十个。最后,她们俩都得到了奖品。

初中生活虽然压力大了不少,可我有好朋友,不怕!

我们是快乐一行人!

幸福包在汤圆里

汤圆以它那圆滚滚的讨喜样子呈现在世人面前。有多少人会不喜欢它呢？正月十五元宵节，全家围坐桌前，望着一碗碗热气腾腾的汤圆，幸福的感觉油然而生。今年我也要试着包一包！

妈妈说包汤圆很像包饺子，但略有不同。我包过饺子，可是这是第一次包汤圆。妈妈已经把糯米面和她的特殊馅做好了，这才叫我来帮她。大概是怕我动作慢，担心到了饭点儿吃不上。

超市卖的汤圆，咬上一口，馅就会流出来。我不喜欢这种感觉。于是，妈妈就做了不会流汤的汤圆馅。里面有芝麻、红糖、花生、核桃、麦芽糖和巧克力。我也不太喜欢放猪油的汤圆，妈妈就放橄榄油来代替了。

妈妈把一块糯米面从碗里揪出来示范给我看。她把面团揉圆，然后把面团放在手心，用另一只手的两个手指把面团中心压薄，现在面团像个小碗儿了。事先准备好的馅儿整齐的摆放在盘中，她拿起一个放在"小碗儿"里，左右手配合着一捏一转，再一揉，好了！一个可爱的圆白胖出现在了我的眼前。她动作很快，看起来很容易。

可是事实不是这样的！我照着妈妈的动作，也把一块糯米面团揪了出来。用手把糯米面压成圆形的时候，面团就裂了！好几块糯米面都掉到了碗里，一连发出"啪啪啪"几声响。我沮丧地望着变成小块的糯米面，把它们的"残骸"重新捡起来，用手再把它们捏在一起。糯米面跟做饺子的面手感真的不一样哟！

我一次一次地练习把几个小糯米块变成球，终于成功了！可是，当我把球压扁的时候，又失败了。糯米面又裂了。我修修这里的裂缝，那边的裂缝就又变大了。简直就是"拆了东墙补西墙"。

但是，我没放弃。慢慢地，我也有一点手感了，糯米面裂的次数少了。我捧着做好的面皮，把妈妈已经揉好的馅放在中间。

试着一点一点把馅包起来，不敢相信又失败了！这难看的东西就像个小孩子穿了一件太小的衣服，怎么穿也穿不进去。

圆，是中国人自古以来就喜欢的形状。圆，寄托着人们无限的美好愿望和祝福。

为了让它更圆，我揉呀揉，我揉呀揉……

它圆了，我笑了。

就这样，我和妈妈一起包了十六个汤圆。

下一步，煮汤圆。热水"咕嘟咕嘟"冒出好多泡泡，妈妈就拿起汤圆，逐个放进水里。立刻，我听到"刺啦、刺啦"的声音，水面同时浮出更多的泡泡……

我用大汤勺不停地搅动，大约过了二三分钟后，汤圆就浮起来了。妈妈把它们分别盛在碗里，我们一家人开始边吃边聊了。我感到很自豪，很有成就感。

通过这次包汤圆，我更加明白了一个道理：只要练习，就可以把事做成。包汤圆虽然很难，可是我没有气馁，最终我吃到了亲手包的汤圆。我相信，别的事也都是这样的，只要练习，最终会取得成功！

认养狐猴

最近，我在《华人头条》看到了一篇报道，上面说老虎得了新冠病。我马上就想起了的朋友——狐猴闪闪。

我家附近有一个狐猴中心，叫杜克狐猴中心（Duke Lemur Center）。去年秋天的一天，奶奶提议带我去那里玩。

车开进了一片林子，停车场在一片空地中，周围有铁栅栏把空地围起来。我往树林里一看，居然看到了一只狐猴！它在地上爬，爬的时候没有发出一点声响。

我仔细看了看这只狐猴。它的身材有点像猫和猴的子混合体，皮毛灰色。像玛瑙似的大圆眼睛边上有两个黑眼圈。两只耳朵显得很警觉。凸出的鼻子好像老在闻着什么。最有意思的是它的尾巴，灰白相间。它动作很快，敏捷的身体可以跳得很远。

通过入口，又看过了关于狐猴的介绍片。随后，我们随着解说员参观起现在被关在笼子里的狐猴。

很快，其中一只狐猴吸引了我，它就是我刚看见的那一只！看来动物们也有自由活动时间。

他是一只雄狐猴，英文名字是 Teres。后来我给他起了一个中文名字，叫闪闪。我刚站到他的笼子边，他就马上凑过来，好奇地看着我，亮亮的眼睛好像在说："你是谁？你也是小孩？"这个眼神就让我笑个不停。闪闪还蹦蹦跳跳地在假树上蹿，好像在试着吸引我的注意。这时奶奶拍拍我的肩膀，和蔼地问："你喜欢他？"我不假思索地回答："是！"

圣诞节到了。奶奶寄来的礼物就放在圣诞树下——一个大信封。

我迫不及待地撕开了信封。里面有一个文件夹、一张闪闪的艺术照和一个狐猴毛绒玩具。我一时有点蒙了，马上开始阅读文字……

原来是奶奶帮助我认养了闪闪！狐猴中心会每季度给我发电子邮件，告诉我闪闪的一切。文件夹里还有好多关于闪闪的近况，像他最喜欢吃的食物是葡萄，等等……

这份礼物真是很特别！

第一季度的邮件里写道：闪闪经常会帮助狐猴中心里的工作人员做实验，因为他性格温柔。狐猴是濒临灭绝的动物，它们现在只住在南非的一个小岛上，别的地方都不找到野狐猴了。

最近，疫情严重了，我开始担心闪闪。会不会没人照顾它呢？

终于，电子邮件提前来了。上面说闪闪没事，一切都很好。虽然狐猴中心关了，可是里面的工作人员还在工作。我悬着的心放下来了！

闪闪不会戴口罩，更不会洗手。希望工作人员和狐猴们都健健康康的！

我的闪闪走了

最近，我收到了来自杜克狐猴动物园的噩耗——我的闪闪，走了。

奶奶帮我认养的狐猴闪闪居然死了，我刚收到这消息时都不敢相信。于是，马上就想到了新冠病毒，但其实闪闪是被毒蛇咬死的。

他死的时候大概已经十四岁了，这对狐猴来说算是比较长的一生。我第一次看到他时，就被他长长的，黑白相间的尾巴和两只亮亮的，琥珀色的眼睛所吸引。因此，奶奶在圣诞节时帮我认养了闪闪。从那时起，杜克狐猴动物园经常会给我发关于闪闪的消息。

闪闪的死让我联想起了很多关于死亡的沉重话题。

我记得五岁的时候上过一个陶艺课。不知怎的，陶艺课的老师和我们说起了死亡这个话题。她平平淡淡地说了一句话："每一个人有一天都会离开这个世界的,否则,地球上的人就太多了。"她边说还边继续制作陶艺。我震惊了！

下课后，我迫不及待地把老师的话告诉了妈妈。不仅抽抽搭搭地哭，而且还一直追问妈妈："她说的是真的吗？真的吗？我们都会死吗？"当时，妈妈并没有直接回答我的问题。过了两三年之后，妈妈实话实说，因为她不知怎么回答。

从那天起，我就生气得再也没有上过那个老师的陶艺课了。接下来的一段时间里，妈妈开始给我念不同的绘本，似乎好像都和死亡有关。我印象最深刻的是云南白象是怎么面对死亡的。

那些绘本再加上年龄的增长，让我渐渐地接受了这个事实。我猜即使是大人，每个人对死亡的理解也不同吧。

现在的我跟 5 岁时不一样了。我觉得生命的长短不重要（当然还是长一点好），重要的是过得充实快乐一点。对我来说，最伤心的事情应该就是失去亲人。亲情是人生最宝贵的！

　　闪闪以前好像还跟一个"美少女"朋友一起住。不知道闪闪的朋友是怎么看待这件事的，她可能不会想太多吧。但我相信动物之间也是有爱的。

　　其实，我只见过闪闪一面，还是在前年圣诞节的时候。本来想疫情过后再去见他的，哎！

　　无论闪闪的灵魂去了哪里，我都希望他能快乐。如果他投胎以后变成人的话，说不定我还可以跟他交朋友呢！

我家的饺子

> 这是我三年前写的作文，今天只在个别的地方做了修改。妈妈说还要坚持我家过节的传统，我举双手赞成！——题记

又一年的春节到了！还在学校上课时，我的心已经飞到妈妈的饺子上了。妈妈开始做饺子了吗？妈妈去年包的是荷叶饺子，饺子皮褶皱的边儿是绿色的，"胖肚子"是白色的。不知道妈妈是怎么包得那么漂亮！今年的饺子馅儿是什么味道的呢？真想早点回家！

一回家我就迫不及待地冲进厨房，一大盘刚包好的饺子正等着我呢！它们好好看，一些是绿色的，另外一些是红色的。我问妈妈："饺子颜色是怎么做的？"

"绿色的皮里有绿茶粉，红色的皮里有红曲粉—红曲粉是由米发酵而成的。"妈妈笑盈盈地回答。

"今年饺子里面还有花生吗？"我又问。"像往年一样吗？"

"一定会有！"妈妈高兴地回答。

我们的传统是在饺子里放三颗花生，谁吃到花生谁就得到奖品！奖品是一大袋零食。

"今年也有零食袋子吗？"我继续追问。

"是的，已经准备好了！看今年谁会得到奖品。"

"都是什么呀？"我问。我好想看看零食呀！

"我现在还不能告诉你，是惊喜！像每年一样！"妈妈一边煮饺子一边说。

终于要吃饭了！我迫不及待地跑进餐厅。桌子上有两盘饺子！一盘是绿色的，另一盘是红色的！我夹了一个绿饺子，把它慢慢地放进嘴里，细细品尝，是虾和韭菜馅的！里面有一股好闻的韭菜香，我细嚼慢咽地吃，说不定会有花生在里面！然后，我

又吃了一个红色的饺子，是猪肉馅儿的。这种饺子跟绿饺子味道很不一样。

爸爸吃到了第一颗花生。我也想吃到，得到奖品！继续吃下去，我在一个绿饺子里尝到了一个硬硬的东西，是花生！我也可以得到零食袋了！又吃了一会儿，我又在一个红饺子里吃到一颗花生。我可以得到两袋零食！妈妈的饺子比速冻饺子大一倍，我吃了十二个。

今年春节过得好高兴！希望明年会像今年一样，希望妈妈可以再做漂亮的饺子，我会再得到零食袋。更希望我明年可以跟在北京的姥姥姥爷一起过春节。明年的春节会更快乐！

大红石榴

每次在超市里看到石榴时，我都会被它红色的"身体"和憨厚的样子所吸引。我曾在照片上见到过它的籽，实在太多了，吃起来一定很麻烦，所以一直没有想买过。

最近这几天，我又看到超市里硕大的石榴了。它们一个摆一个，每一个石榴都像戴着红红的小"皇冠"，又像一个个灯笼。这么可爱的水果我怎么还能拒绝呢，买下，准备回家做一次"解剖实验"。

路上，心情忐忑，又满怀憧憬。

把石榴摆上桌，我仔细地看了看它。粉红色的厚皮，有的地方颜色深一点，有的地方浅一点，还有近乎白色的地儿，挺像水彩画的。再摸一摸，有的地方光溜溜，有的地方有小麻点，像小孩脸上的小雀斑。

妈妈看到我目不转睛地观察石榴，就拿起一把水果刀走过来了。她左手先按住石榴，右手把石榴上漂亮的"皇冠"削掉。再竖着轻轻地在石榴皮上划了一下，然后用手一掰皮。哇！石榴晶莹剔透的籽就露出来了，大颗大颗，挤在一起，没有缝隙，比红宝石还亮丽。清新的水果味迎面扑来……

我不知道怎么下嘴，所以妈妈又把石榴的一半再切成更小的一块，递给我。我发现"红宝石"之间有薄薄的，像墙一样的白色隔膜。"墙"把石榴籽分成整齐的小块，有些像"单元房"，每个房里都住着一大家子。我把"墙"的一块揪下来，它很像一块白色的蜂窝。

我轻轻地把嘴放在石榴边，咬了一小粒。一下子，甜甜的汁水就喷出来了……我把籽吐出来一看，原来是浅棕色的。

再咬一大口，更多甜蜜的汁流到嘴里。嘴里的籽太多了，于是我就用舌头把它们都推到嘴的一边，只把需要吃的放在舌头上品味儿。籽没有汁了，我就用舌头把它推到嘴的另一边。我的嘴就像一台分拣机器，可以不停地分拣石榴籽。

一个大石榴只吃了一半，就已经花了快二十分钟。更不要提我的"血盆大口"了。倒是真过瘾！

石榴营养价值很高。含大量维生素，对皮肤和眼睛好。它还含氨基酸，有助消化。

妈妈说石榴还象征着多子多福。可是我觉得多"籽"多福更加正确，这才是它的本色。现在的社会不需要一个家庭养那么多孩子，我就是家里唯一的孩子，全家人都觉得这样也很好。

红色，是春节的颜色，象征着红红火火。春节除了吃饺子，大家也可以多吃些石榴。据说，人们还喜欢把它当盆景，石榴盆景很独特，又很吉祥，象征着家庭兴旺。

石榴既好吃又好看。可惜的是，我从来没见过石榴花。照片里的石榴花美丽大方，一身的富贵气。

从现在起，我要踏上寻找石榴盆景和石榴花的路程了。美好的事物总是那么有吸引力！

听，雪落下的声音

冬天的寒冷冻住了大地，有时大风还会添油加醋地吹，让我感到有些压抑。但是，下雪了，一切都不一样了。

放眼望去，树林空蒙。雪像雾，雪像霜，笼罩了树林和院落，像银白色的锦缎。它改变了冬的性格，雪使冬的外表看上去不那么僵硬。

雪在夜里悄悄地来了，我听到了沙沙的声音。这个声音夹杂着小小的风声，像一首温柔安静的催眠曲。小时候的自己总有些记忆不清的梦境或遐想。好像是，穿红衣服的圣诞老人和他的那些麋鹿们在雪夜轻盈地划过天空，还和着若隐若现的铃铛声和圣诞老人爽朗的笑声。虽说我现在已经长大，可还是忘不了那景象。

早晨，雪花好像换了一首曲子，变得欢快起来。把窗帘拉开，雪花在窗外纷纷飘落，在风中旋转，像羽毛一样轻盈。有的雪花粘在一起，"抱"着一起落下，有的雪花独自展现着自己独特的图案。太阳从树隙间爬出来，温柔地照着这雪白的世界。

我总会迫不及待地穿上厚厚的大衣，戴上护耳朵的帽子，蹦蹦跳跳地出门去玩儿。雪落在我的帽子和衣服上，发出沙沙的声音，像有只蚕宝宝在吃食。堆雪房子的游戏是我的最爱，三年前小小的我还钻进了雪房子，简直不可思议。

中午，雪停了，但是雪落下的声音还没有停下。时而，窗户旁的树林传来清脆的"咔嚓"声。原来是一棵树上积了太多雪，它再也不能承受雪的重量，一下子折了枝。又时而，小松鼠飞快地跑过了雪地，留下了一串浅浅的脚印。小雪花粘在小松鼠的毛上，好像给小松鼠穿上了白色的衣服。

玩累了就歇会儿。伸出手让雪花落在我热热的掌心，它一下子就化了，大概是因为雪花硬硬的外表下藏着一颗和我一样温暖的心，我们心心相通吧。

现在在家的时间太多，我想念玩雪的快乐。可今年我们北卡还没有下雪，我期盼着能快点听到雪落下的声音。

有特异功能的孩子

我一直有一个愿望——就是能在水里看清东西。水里面有那么多好看的贝壳，多彩的鱼和随海浪漂动的海藻。那个神奇的世界，谁不想去看一看呀！可惜在水里时，即使戴着潜水镜，我还是什么都很难看清。

可是最近，我在一本书里看到：在泰国海边的某个部落，那里的人们生在海边或船上，去世后葬于大海。小孩可以不带潜水镜就能看清海底的东西。对他们来说，在水里看跟在陆地上看事物一样清晰。

探究其原因，其实也不难理解。小孩们住的部落是靠捕鱼生活的，所以那里的人们经常会在水里游泳。为了适应长期在水下的生活方式，孩子们就渐渐学会了长时间睁着眼睛看东西。这个特异功能使得孩子们更方便的捕鱼。

这些孩子们的瞳孔可以根据光亮和环境大幅度地变大变小。很多海豚、鲸鱼和海豹的瞳孔也有这种功能，这里的孩子们似乎也有了海洋生物的特点。

孩子们的眼睛还不怕海水里的盐分刺激。还有，他们可以长时间在水中屏住呼吸。

孩子们在陆地视力也很好。他们视力的清晰度比起普通的孩子们要翻倍。

我试图着想象：有特异功能的孩子正们在水下寻找着最大的一条鱼，发现后灵活地扑过去，把鱼抓住或抱住，然后再带着灿烂的笑容钻出水面。那是多么令人欣喜的画面呀！他们一定还会在水下一起玩耍和观察海底的各种动物和植物。

可惜的是，这些孩子们长大后就会失去这种能力，眼睛会恢复成我们大多数人类一样。很无奈，他们就只能用别的工具捕鱼了。

我好想去那个村落看看那里的小孩呀。我想让他们告诉我，在水底看到了什么新奇的东西？也许他还能在水里捡起个什么带回来让我看看。说不定那里有好多我想都没想过的新鲜事呢！

第一部分

散文类

亲吻大地的植物

每当我想起植物，通常就会想到层林尽染的树林，枝叶茂盛的灌木和色彩斑斓的花朵。但一次偶然，我发现了院子里的那些"趴"在地面上的植物，它们甚至比高大的植物还有意思。

最近，院子里又多了一种新的入侵植物。这种植物用绿油油的叶片盖住了一小块光秃的地面。仔细一看，它们的叶子是圆形的，像我的指甲盖那么大。叶子的边缘上还有一些皱褶，就像一片片小小的荷叶。远处看，宛如一汪绿色的荷叶池。下雨后，这些叶片的颜色就会显得更加青翠欲滴。我不知道这种植物叫什么，于是就暂且叫作——小荷叶。后来在网上查到了小荷叶真正的名字是天胡荽，但我还是喜欢叫它们小荷叶。

我每天都会到院子里观察小荷叶。小荷叶生长的速度很快，每天都有更多的土地被它们覆盖。但小荷叶从来不长高，它们永远紧贴着地面。

小荷叶让我想起我们家养的铺地百里香。铺地百里香椭圆形的叶子比小荷花的叶子还小，它们都挤在一起，远处看就像一块茸茸的大地毯。夏天的时候，铺地百里香还会开一些小花。这些白色的小花散发着淡淡的花香。蜜蜂们很喜欢这种花，我经常可以看到它们胖乎乎圆滚滚的身影在小花旁飞来飞去。

铺地百里香像小荷叶一样紧贴着大地生长，它们就像给大地盖上了绿色的毯子。这两种植物长不高，只是不停地扩大面积。或许是因为它们不想离开大地母亲，于是就用绿绿的手臂给予妈妈一个又一个的拥抱和亲吻。

我理解它们的心情，因为我也不想离开妈妈。

西班牙人过年的习俗

圣诞节快到了，世界各地的很多人正在为它做着准备，西班牙人也不例外。西班牙人有一些很有创意的习俗，我想把自己知道的和所理解的一些给大家介绍一下。

吃葡萄 UVAS

新年夜，西班牙的人们会聚集在装饰喜庆的马德里太阳广场等待新年十二次钟声的响起。倒计时的钟声每响起一下，他们就会吃一颗葡萄。钟声敲了十二下以后，新的一年就开始了。西班牙人认为这样吃葡萄会为下一年带来好运。为什么西班牙人会认为吃葡萄会带来好运呢？我猜因为它们是圆的，象征着一年的圆满收场和好生活的开始。

三王节 TRES REYES

西班牙的孩子们一年里最期待的大概就是三王节了。新年过后，城市里会有很多游行和表演，表演的人们还会给孩子们抛糖果，气氛十分热闹。西班牙人没有圣诞老人，一月六日是三王节，也是儿童节。三王节的前一天，孩子们会把他们想要的东西和愿望写在一张纸上，第二天早晨就会发现，三个国王送给孩子们的礼物已摆放在屋中。这种习俗让我想起美国的圣诞老人。如果有三个国王来送礼物，会不会比圣诞老人送得更多呢？

三王节还有一种特殊的甜点，叫 roscón de reyes。这是一种圆形的蛋糕，上面会有三种颜色的干果，象征着三个国王披风上的宝石。里面还有时会藏着小人的模型和别的小东西。

便便大叔 CAGANER

西班牙人还有一种非常与众不同的圣诞习俗——caganer（便便大叔）。这种特殊的人偶穿着传统服装，正蹲坐着拉便便。虽然看起来有点奇怪，但"便便大叔"其实象征着吉祥。对农民来说，便便可以作为肥料，农作物就可以健康生长。家长们还经常会把便便大叔藏起来，让孩子们找。圣诞节之前，孩子们还会每天照顾他们的人偶，他们会为它"喂"东西和盖毯子。到了圣诞节，孩子们只要一边唱歌一边敲打人偶，人偶就会"拉出"一些糖果和玩具。真是一种重口味的习俗！这习俗只有在西班牙的加泰罗尼亚地区盛行。

这么多有趣的习俗，一定给西班牙人带来不少温暖和快乐。

小草

冬天来了，好冷呀！上学的路上，我从车窗望出去……小草被厚厚的冰霜盖住，好像是被冻在地面上，可怜兮兮的，没有一点生机。

你在春天仔细观察过小草吗？

一根根细长的，绿油油的小叶子从地面探出头来。它们素颜、素心，从不和鲜花比美。它们拥成一片，春风一吹，便发出"沙沙"的响声，仿佛是在快乐的歌唱。春风再用力一吹，草儿就把香味儿送进你的鼻孔里。深吸一下，嗯……自然芬芳。

草儿嫩嫩的，软软的。它们瘦小的身体无处不在，司空见惯，你可能已经忽视了它们的存在。

你听说过瓦楞草吗？它们生长在屋顶的瓦片缝隙间，一点点土壤就可以让它们安家。给最不起眼的地方加些色彩和活力，使得光秃秃的屋顶也有了一些魅力。

窗外，我又望了望这冬天的小草。它们正忍着、扛着……盼着春天的好日子。

草儿抱在一起，只要有一根苏醒过来，大声喊："春天来了！"

其他的同伴也就会跟着直起腰，咋咋呼呼地回应："太好了！"

正是这种团结精神，带来了强大的生命力。它们不惧怕大风，因为它们能以柔克刚。你只见过被风吹倒的大树，一定没见过被风折断的小草。

我爱小草，因为它们团结互助、不怕困难。就像我们人类大家庭。

草儿呀！我想向你学习——平凡如你，快乐如你，坚强如你。

意面的魅力

意面——顾名思义就是意大利的面，也叫空心粉，还叫通心粉。我喜欢它的形状、味道和它带给人们的创意空间。

意面的形状真的是千变万化。

我从小就喜欢跟妈妈一起去商店买意面。每次去商店都可以看到各种各样形状的意面，如像小管子、细条、蝴蝶结和小麻花的，花样繁多。也有一些不那么常见的形状，如像车轮子、戒指。还有夹心的意面，有些像中国的饺子。更好玩的是，应景的节日形状和喜庆的彩色意面也会摆放在货架上。每次我都看得眼花缭乱，没法决定买哪种。

意面的味道也变化无穷。番茄酱、肉酱、柠檬酱、蘑菇酱和奶油酱，它们都各有特色，我都喜欢。

我最爱的是一种叫松子香蒜青酱（pesto）的。它是用九层塔、蒜、加上松子和橄榄油，经过搅拌器搅拌混合而成。这种酱最好和我最喜欢的螺旋形意面拌在一起，青色油亮的酱就会裹入意面的每一个缝隙，使原本淡黄的意面披上"绿衣"。估计没有几个人可以抗拒它那漂亮诱人的样子。

意面在美国和中国都可以找到，这是我今年才知道的。

夏天我在中国待到三个星期时，开始有点想吃意面了。我虽然很喜欢吃中餐，但是有时也想吃一吃意面，因为意面差不多就是我最喜欢的食物。

于是妈妈带我去了一家位于北京三里屯的西餐厅。当我看到 pesto 的英文字后，立刻眼睛发亮。端上来的 pesto 不是我想要的螺旋形状，但仍旧香气扑鼻……

我已经迫不及待地把头埋在盘中，一口接一口的地开始狂吃。清新的九层塔加上隐隐的松子香，使我有几分钟忘记了身处何地。不由得我又点了一份，这么能吃，我还是第一次呢！

这次意面的味道居然也化成了我对北京的部分记忆，真有点不可思议。

意面的好真是说也说不完……

意面还会变身术。妈妈有时也会用做中国炒面的方法做意面，也有时用西班牙风味的做法做，都很好吃！

意面就像一个很能跟别人搞好关系的人。它不管跟什么酱在一起，都会很好吃。如果你展开想象，各种形状和不同味道的酱就可以有无穷无尽的组合，它可真是既有趣又随和。它是我如影随形的好朋友。

就写到这儿吧，现在我就要让妈妈给我做一顿好吃的意面！

第一部分

散文类

我未来的家

我经常喜欢憧憬我未来的家，我想它大概是这样的吧。

林间的一座不大但细高的小屋被绿绿的树丛包围着，屋顶都快能碰到树梢了。

房子前面，会有一个不大不小的院子，里面养着好多我最喜欢的动物和植物。

一走进院儿，就会看到围栏上爬满了我最喜欢的多肉植物。它们有的像花，有的像葡萄。颜色也各异，绿色的，紫色的，红色的。挤挤挨挨，好不热闹。远处看像一幅彩图，近处看每一株都在诉说着自己的故事。

我很喜欢鸟，所以我会在一棵大树上挂二十多个自己做的小鸟屋。我会把每一个鸟屋涂成不一样的颜色，这样就可以让远处的鸟儿都迫不及待地飞过来，叫声越来越近⋯⋯ 就这样，鸟儿们有了家，我也有了朋友，我们每天都可以见面了。

我无数次在中国园林看到奇形怪状的假山。在院子里放几座，一定会很好看！太阳光照进假山，穿过每一个小洞，地上洒落着很多小光点，像一个个白天出没的萤火虫。

花园没有水，就没有灵气。一泓小小的池子，里面养着金鱼、青蛙和睡莲。圆圆的荷叶下，小鱼在下面游动。荷叶上面，坐着一只只呱呱叫的青蛙。水光照在长满多肉的围栏上，像极了舞台上的灯光。

我不喜欢拔草，所以就会买一个"拔草机器人"！它可爱的身体会时常出现在院子里。忙碌了一番之后，它会靠在墙角一遍休息一遍充电⋯⋯

屋内也会是静谧的，花香缭绕的⋯⋯

一进门，就会看到几株水仙、文竹和水竹。它们在墙角的小桌上挤着，每一株都摆出不同的姿势，但都一样显得温润婉约。

其他的什么百合、兰花、吊兰也摆放的到处可见，每一个转身，都有几株花儿正在看着你，正在向你问好！

房子四面的墙都由玻璃代替。下雨时，我一边看书一边听雨声…… 时不常地，还可以看看水珠在玻璃上玩儿滑滑梯。

房间一角，螺旋形楼梯很高很长，一直通到最顶的房间。那个房间有比楼下还多的窗户，坐着可以平视矮些的树梢，屋顶也是玻璃做的，偶尔可见几只翱翔的鹰。脖子累了，干脆躺在床上看蓝蓝的天空和胖胖的小白云飘过……

屋中有很多我从世界各地收集来的枕头。可以随意搭配摆放它们，可以当坐垫，也可以当桌子放在腿上。为了好玩，还可以把它们摞得高高的，爬上去坐在上面。

我可以在漂亮的小屋里吹葫芦丝和陶笛，一边吹一边欣赏风景。鹰或少见的鸟儿飞过的时候，我一定会跟它们打招呼。

真希望有一天我的梦想会实现！我会请朋友们来做客，你会来吗？

剪头发

我的头发实在太长了，每次洗完头都要吹二十多分钟。于是决定剪头发了，现在可以帮我的只有妈妈。

剪头发那天，妈妈把一个凳子搬到院子里，再让我坐在上面。她用一个已经剪开的垃圾袋系在我的脖子上。我两手一抻垃圾袋下面的两个角，瞬间就变成了一只"蝙蝠"。我站起来转了一圈，再跳了两下。妈妈眯起眼，咯咯咯地笑个不停。

我知道妈妈看过一些剪头发的视频，还比较成功的剪了自己的头发。但是听着剪头发咔嚓咔嚓的声音，我还是感到紧张。

既紧张又有点感觉无聊，我就开始观察院子里的各种植物和动物。面前就有一棵灌木。枝干分明，不像有些灌木的树枝，都缠在一起。每一个枝头上都长着一片片椭圆形的叶子和紫色的像珍珠一样的小果子。这个植物的英文名字叫 American Beauty Berry（美国美丽的果子）。这些果子真的像它们的名字一样美丽！

我眼前的砖头上爬来一只小小的，圆圆的蜗牛。小蜗牛慢慢地向前挪动，头上的触角不停地动着。它的身体看起来黏黏的，软软的。仔细看，它的皮上还有一些像鸡皮疙瘩一样的纹路，让我想起人的指纹。

谁能够一边剪头发一边看好玩的动物和植物呢？我能！

金灿灿的阳光透过大树的叶缝洒下来，地面上出现了无数斑斑驳驳的光点。周围有鸟在欢快地唱着歌，小草也随风摇曳着。

这次真挺好玩的！我既看了风景，又很快的剪了头发。以后谁还会想再去理发店剪头发呢？

不可替代的纸质书

疫情期间我很少出门，借书就变得很不方便。没法子，我只能从图书馆的网站上借电子书看。电子书两个星期就要重新借阅一次，我没经验也没太留心，两个星期一晃就过去了。等想起来时，电子书被我点击后就消失了。

不得不承认从方便卫生的角度来想的话，还是电子书更好。一部手机上就可以存上整个一个书架上的书，旅行时携带方便。电子书也更环保，而纸质书需要很多树和别的材料才能制成。

可电子荧幕对眼睛不好，我要经常提醒自己休息一下。

家里有很多书。现在我就又开始重新翻看它们，并且更加倍珍惜它们了。

我喜欢一边翻页一边感受不同的纸的质感，也喜欢看有略微差别的纸的颜色，还有不同纸所散发出的味道。这味道是种回忆，这种回忆我有很多……

我们家每隔两年都会去一次中国。每次去中国，妈妈都会买许多中文书，然后把书扛回美国。我们的很多书都是从淘宝上买的，少量的书是从书店买的。我尤其享受买书的过程。

记得去年夏天的一天，在书店我被一堆书包围着，实在不知挑哪一本。不经意间，一个梳着蘑菇头的小女孩的照片映入眼帘，我拿起来递给妈妈，并且说我喜欢她的蘑菇头。妈妈连声夸我这本书选的好，正好是她想推荐给我的《城南旧事》。呵呵，歪打正着！我们又挑了十几本，然后一起付钱。售货员飞快地把这一摞书用绳子绑在一起递给妈妈。这种方法和美国不一样，美国是用袋子装书。

妈妈和我拎着沉甸甸的书走出了书店后向右一转，一个卖榴莲饼的小摊里正好飘出香甜味儿……美食是不能被错过的！立刻买下来，我们边走边吃……

前几个月我看《城南旧事》的时候，那天买书时的情景，那天太阳的味道和榴莲饼的味道一下子就涌了出来……我好想念北京呀！

虽说电子书也可以在上面做标记，但那些记号和字都是没有感情的。而纸质书就不同了，小时候在书上画的小图案和小人，现在看着都很亲切。

我可以从电子书中学到知识，但它无法承载我的情感。所以，纸质书是不可替代的。

这事有点烦

我很喜欢逛各种各样的超市。在那里，可以找到很多好玩儿和好吃的东西。可是有一家超市，我已经很长时间没有去了。这是因为在那里发生了一件使我烦恼的事。

几个月前的一天，天气格外晴朗，天上的小白云有时缩着，有时舒展着，悠闲自在。那时的我心情格外好，好像明媚的阳光已经照到了心里。

我和朋友约好了在那家超市见面。同以往一样我们看得目不暇接，聊得不亦乐乎。最后，还要满载而归呢。

开始排队结账。离结账的地方很近的架子上放着各种各样的米袋子。我和朋友走到米袋子旁，袋子上写着一些"天下第一米"之类的话，上面还有一小块透明的塑料，可以看到里面的米。我指着袋子跟朋友说："你看，这种米好长好细呀！"朋友又指着另外一个袋子，笑嘻嘻地说："我觉得圆米粒儿更好玩！"

我们正"争论"着长米粒儿还是短米粒儿更好玩，一个店里的女售货员就大步地走过来。她的脸涨得通红，脸也拉得很长。我和朋友互相看了看，事情不妙！

那个售货员的眼睛直盯着我们，气冲冲地说："如果你们把米袋子戳破，就必须赔钱！"

朋友向售货员解释道："我们只不过是看看而已，不会弄破的。"

售货员瞪了她一眼，就走了。

朋友生气了，我也生气了。她冤枉我们了！我们只是在米袋子旁边说说话，她就说我们戳她的米袋子。我们连摸都没摸过。

大人有的时候把我们当小孩子看，认为我们什么都不懂。有的时候又让我们听话，按照他们的要求做，还不问青红皂白地就批评一通，不考虑我们的自尊心。

刚才的那个售货员不看清楚就假设我们在干坏事。我当时气得都说不出话来了。

其实我很想去那家店买想吃的零食,可就是解不开这个心结。谁有什么好办法吗?

我家院子里的入侵者——牛奶子

午后，我和妈妈最喜欢在院子里散步。这时也是那些花花草草和小动物们最快活的时候。蜜蜂们像一朵朵小雾，在花丛中钻来钻去，异常忙碌；蝴蝶扇动着薄薄的，五颜六色的翅膀，跳着快乐的舞；小鸟在树枝上叽叽喳喳地谈论着什么。花草也生机勃勃，抬头挺胸。

前几天，我发现了一株新的野生植物。它像一株比我高的小树，每一条枝头上都生长着茂盛的小叶子，还可以清楚地看到很多串串的小果子。我最喜欢野生小果子了，因为它们小小的，萌萌的，看到它们的时候有种找到宝藏的感觉。细看，果子跟我的指甲盖一样大，是红色的，晶莹剔透。上面还有很多香槟色的小点。看起来很像那种漂亮的有毒的果子。我开始对果子产生好奇，于是就让妈妈掏出手机，用手机里的识花 APP 来查一查这到底是什么植物。

识花 APP 上写着，这种植物叫牛奶子。而且那些可爱的果子竟然能吃！我们仔细看了看面前的小树，再反复对比照片。它们绝对是一样的植物。勇敢的妈妈小心翼翼地摘了一颗果子，用舌头舔了一下果子的汁水。那时我的心跳变得很快很快，虽然妈妈只吃了一点，但我还是很紧张。

过了一天，妈妈没事。我终于松了一口气。妈妈又决定再吃三个完整的果子，又过了一天，结果还是没事。再过一天，妈妈又吃了一大把，身体上也还没有任何不良反应。

于是，我和妈妈就决定去摘！

我们带着两个小盆，站在树下。那棵牛奶子树上的果子好像更多了。我小心翼翼地把一颗小果子摘下来，它很完美，"叮"的一声放进盆子里。这时，妈妈好像又发现了什么，指着旁边的一棵树说："那里好像还有一棵牛奶子树！"我顺着妈妈的手指看过去，果然是。于是，妈妈带着小盆去摘那边的果子，我继续摘这棵树上的果子。

牛奶子树的枝头上，这里一大串果子，那里一大串果子。我都不知先摘哪个，一个一个的摘实在很慢。摘了一会儿，就想了一个新办法。我轻轻地搓了搓枝头上的一串牛奶子果，让果子松动，然后把牛奶子果从枝条上撸下来。

我一遍一遍地重复这个动作，小盆变得越来越满。当我觉得牛奶子够多的时候，就把一些掉进盆里的叶子和小蜘蛛用手指夹出去。我把小蜘蛛们放在地上，它们好像很迷惑，看了看周围，然后匆匆忙忙地走了。

我和妈妈把两盆果子带回了家，叫爸爸也一起来尝一尝。妈妈把果子洗完了以后，摆在桌上。我把一个果子拿起来，闻了闻，果子味道很清香。放进嘴里，果子的外皮有点黏，还有点粗糙，粘在我的舌头上。果肉又酸又甜，而且有一点点涩。果子中间还有一个籽。我把籽吐出来，发现这个籽甚至比果皮还漂亮！它是黄色的，上面还有一些独特的纹路，就像一颗用来串项链的珠子。

我觉得吃牛奶子果有点像吃石榴。接着就把一大把果子放进嘴里，把果肉吸光，然后把籽吐出来。就连果子的味道也有点像石榴。

牛奶子不仅好吃，而且还营养丰富。它清热利湿，止血。可治疗痢疾，哮喘，跌打损伤等疾病。

这白捡来的牛奶子，给我平淡的生活带来了一些色彩。如果幸运的话，有可能以后还可以找到别的能吃的果子呢！没事我就会到院子里多转转。

两位出租司机

我现在不能出去旅行，在家有大把的时间。于是，脑海中不时地会浮现出以前旅游时去过的地方和见过的人，就好像在放电影一样。

这两天我想起了两位出租司机。

有一年，我们家在日本旅行，遇见了一位出租司机，他至今还让我记忆犹新。那天傍晚，我们叫了辆出租车回饭店。下车时，妈妈看了看出租车里的计价器，按照上面显示的数字掏出了一些现金并递给他。司机一脸笑容，嘴里还不停地说着什么，夸张的比手画脚。奇怪的是，他只是从妈妈手中拿走了一部分钱。妈妈一脸茫然，不知如何是好。司机只会日语，所以没法告诉我们为什么要这样做。妈妈又试图把钱递给他，他面带微笑，坚决地把妈妈的手推开，还不停地鞠躬。妈妈看了我一眼，也就只好和我一起下车了。

事后，我们猜可能是因为他不小心绕了路。他不想占便宜，才把钱退给了我们。

去年在中国时，类似的事情又发生了一次。同样发生在我们下出租车时。

妈妈这次拿出二十元，出租司机需要找回我们五元。可司机说身上没零钱，因为大部分中国人都用微信支付。妈妈没有微信。这可怎么办？出租司机很干脆地说："不用给钱了，没关系。"妈妈脸上浮现出惊讶的表情，还反反复复地说："太不好意思了，那怎么行。"司机大大咧咧地说："没事，没事，您走好。"妈妈又看了看我，然后在钱包里摸索着找到了几块零钱，塞到了司机的手中。

下了车，妈妈一路都在感慨。我也陷入了思考。这两个善良诚实的人做出的小举动，我们每个人都能做到吗？

那些未完成的作品

我家有一个盒子，盒子里放着我所有没有完成的作品。比如画作、诗篇、文章、图画书和游戏。我一直不知道应该怎么处理这些作品。

有的时候，我觉得应该留下这些作品，因为有些作品是我小时候做的，是一种回忆。如果把作品扔了，回忆也就没了。而且，我小时候想事的方法和爱好都跟现在不一样，可以从那些未完成的作品中看到它们的影子。

可是又有时，我感觉不再需要那些"破东西"了。如果我想看小时候的作品，可以看那些已经完成的作品。忙起来时，我好几个月甚至一年都不会翻看它们。

食之无味，弃之可惜。我的未完成作品就像鸡肋，再加上我是个纠结的人，真的是很难做决定呀！

如果把鸡肋扔了，灵感突然来了怎么办？我会悔青了肠子。

如果留下了，我看着它们也有些烦。灵感应该不会再来了吧。

这个盒子里的东西越积越多。我应该怎么办呢？

左撇子

我是一个左撇子。就是因为这点，我的生活就跟用右手的人稍微有点不同。

先从左撇子的不方便之处说起吧。

小时候妈妈教过我写毛笔字，但是到现在我都还没练好。妈妈是用右手的，没法握着我的手帮我找到写字的感觉。我现在写出的毛笔字还是歪歪扭扭的，见不得人。

另外还有些搞笑的事会发生。比如，地铁站那种需要刷卡才能打开门的入口，对左撇子来说有点不方便。我平时都是把地铁卡放在左手上，刷卡进门的时候，就会刷一刷左手边的刷卡处，结果左边的门开了，我面前的门还是关得死死的。旁边的人看见后就觉得很好玩，不由得笑我。

还有一种不便应该是最常见的了。那就是在餐厅时必须注意坐在哪里，要不然会跟用右手持筷子的人"打架"。我的筷子会跟对方的筷子碰来碰去。

如果你在超市里看到一把左撇子剪刀，不用感到奇怪，我来告诉你原因。我用普通剪刀的时候感觉很别扭，因为剪刀的样式是给用右手的人设计的。剪刀把手两边的孔一个大一个小，大家都把拇指放进小孔，其他四根手指放在大孔里。可是对左撇子来说，剪刀的结构是反的。我需要把四根手指挤进小孔，把大拇指放在大孔里。这样感觉很不舒服，于是就有人发明了左撇子剪刀。

当然了，凡事都有好有坏。我再来说一说做一个左撇子的好处吧。其实好处还不少呢！

我喜欢打网球。因为我是左撇子，所以打网球时会得到更多分数。我做网球动作的时候都是反着做的。当我跟一个不知道我是左撇子的人打网球，那个人会试图把球打到我的左边，因为这样对用右手的人来说更难一点，可是我就可以更轻松地把球打回去。那个人觉得我水平很高，如果我不告诉她的话，她就会一直蒙在鼓里。耶！我有秘密武器。

大家都知道掰手腕吧。在用左手掰手腕时，我会经常赢。因为我的左手比右手有劲。

我也会经常因为是左撇子得到一些夸奖。当我把自己写的字给别人看的时候，再告诉他们我是左撇子，他们就会夸我："写得真好，还是一个左撇子！"我知道我的字没有那么好看，并且知道，用右手的人认为左撇子写字会更难。每次我得到这样的夸奖，心里就会偷偷乐。

左撇子和用右手的人都各有优势。我已经开始学习用右手做一些事了，最终所有的优势就全归我一人。哈哈哈！

想北京

因为疫情的缘故，我们全家去北京的行程就被取消了。这个消息就像晴天霹雳一样，我的眼泪像刚打开的水龙头"哗哗"地流了下来。

姥爷已经82岁了。他在11月初的时候不小心摔了一跤，摔断了骨盆的一块骨头。家人雇了一位24小时的护工来照顾姥爷。我非常心疼他，他每天都只能躺在床上，也吃不到餐厅里的菜，一定感觉很郁闷。我很想去中国陪陪他，他也很想我，可惜现在这一切都灰飞烟灭了。

我想北京，除了家人亲情之外，北京还有什么魔力呢？是胡同里的市井生活？是三里屯和国贸的热闹繁华？还是天坛的古迹文化？应该都有吧！

在北京的胡同里，我会经常听到很多人说话时有儿化音，跟我在美国学的普通话有点不一样。当我在遛弯时，经常会看到一只手上拿着羊肉串或老冰棍，另一只手上拿着北冰洋汽水的人。我也会学着像这些边走边吃的人一样，感觉很自在。胡同里还有各种特色小店，比如"稻香村"和"包大嘴"包子店。还有一家我很喜欢的坚果店，叫"粒上皇"。店里总是有人在炒坚果，店外可以闻到炒坚果的味道，店里可以看到颗粒饱满的各种坚果。售货员把刚炒完的坚果从锅里铲出来，装在黄色的袋子里递给我，咬上一口，坚果就会发出"咔"一声完美的，脆脆的响声。

偶然，我会在路上发现几个小摊。小摊里卖的东西可多了：新鲜的水果、面包、零食和我在北京时最喜欢吃的早餐——煎饼果子。小摊有时还会卖一些精致的手工。有一次，我在一个小摊上买到了一个超可爱的毛线小兔子。把它带回美国后，就挂在楼梯栏杆上，每次上下楼梯都会看到。

北京不只是老北京，很多地方还有很繁华的一面。我以前去过国贸，那里的高楼大厦很豪华。高楼里还有许多名牌大店和餐厅。妈妈说国贸是一座写字楼，我希望长大了以后也可以去这种写字楼工作。

北京也是一个国际大都市，三里屯就是典型的代表。我在那里吃过：日本点心、意大利面和西班牙海鲜饭。

北京更是一个文化大都市。我很喜欢老舍的文章。他的文章内容很生活化，刻画人物和事物也很生动。老舍故居就在北京，我怎么能不去看看呢？

去年夏天的某一天，我满怀敬仰地来到了故居的门口。没想到故居的大门紧紧地关着，上面还贴着一张字条。字条上写着：老舍故居在修缮。我趴在门上，往门缝里瞧了瞧，只看到了两棵小树，别的东西都没看清楚。我恋恋不舍地离开了。今年我本想回到老舍故居看一看，可惜现在去不了了。

如果我现在在北京，就会和姥姥一起去天坛。姥姥很强壮，因她每天都要去天坛锻炼身体和踢毽。姥姥踢毽的时候，毽子会很容易地落到她的脚上，轻轻一弹，就踢给了我。而我却接不住。姥姥的朋友就会在旁边一边笑一边教我怎么接毽。这种快乐的感觉我现在还记忆犹新。

疫情对每个人都有影响。影响了人们的学习、工作、心情和生活。希望疫情过去以后，大家都可以像以前一样生活。

老舍写过一篇文章，叫《想北平》。文章的结尾是：好，不再说了吧；要落泪了，真想念北平呀！

我好想念北京呀！

晒晒我的笔记本

我待在家里没事干，于是妈妈介绍了一篇林清玄的文章，叫《你还会每天写日记吗？》。林清玄在一家书店里看到了很多漂亮的笔记本。出乎意料，笔记本比书还要贵。文章里阐述了林清玄和书店里一位店员小姐对昂贵笔记本的观点。

看完这篇文章，我也想谈谈自己的看法。

店员小姐觉得笔记本应该比书贵，因为书是别人写的，里面写的是别人的思想。笔记本里的内容是自己写的，自己的想法当然会比别人的想法贵。林清玄和我都觉得这个观点乍一听很有道理，但是仔细推敲，含金量应该取决于思想。

林清玄认为笔记本不需要那么漂亮。一种形式简单，可以装满人的思想的笔记本比一本空白的昂贵笔记本有价值。笔记本是为了让人把思想写在里面，而不是一种装饰，所以不需要买很贵的笔记本。

林清玄的观点我同意。但又不完全同意。我觉得笔记本应该赏心悦目，给自己带来快乐。

我有一个想法，林清玄和店员小姐都没有。那就是可以自己做笔记本。做笔记本的过程很有意思，还省钱。

我就做了许多各种各样的笔记本。有的笔记本是一种颜色的；有的上面贴着贴纸和纽扣；有的笔记本封面上有我画的画。我已经很长时间没有买笔记本了。

做笔记本很容易，熟练了以后可以五分钟就做完一个小笔记本。先要把封面和里面的纸都准备好，封面的纸厚一点最好。然后，把纸摞起来，封面的纸放在最下面。最后，把一摞纸对折，用订书器把侧面钉牢，它就变成有模有样的本子了。这时，也是最快乐的时刻到了——随意装饰它。

有些人喜欢收藏笔记本。他们有可能从来不写笔记，但还是不停地买笔记本。我觉得买了笔记本就一定要用它，要不然那棵变成笔记本的树就浪费了。

无论是买的笔记本还是做的笔记本，都需要把自己的思想写在里面。我要多观察生活，抓住生活中的小事。这样，我的笔记本就不会是空白的了。

《城南旧事》读后感

林海音的《城南旧事》是妈妈介绍给我的。这本书写于1921年，迄今为止快一百年了。作者根据自己的经历创造了一篇关于老北京生活的小说。

里面讲了主人公英子从六岁到十二岁的生活。英子一家从外地迁来，住在北京南城的一条小胡同里。在那里发生了一系列生死离别的故事。

我喜欢这个故事的最大原因就是视角独特。作者以第一人称采用小孩的视角看中国当时的社会，英子的童年充满了痛苦酸涩。但在字里行间，我也看到了很多充满童真童趣的小小快乐。

我的妈妈就是北京人，而且住在城南，基本上就是小英子住的地方。我自己也去过好几次北京。现在的北京车水马龙，一百年以前的北京还有骆驼出出进进，就仿佛是两个世界。

《城南旧事》的第一个小故事——冬阳·童年·骆驼队，只看了一页就吸引了我。其中有一句话："我看得呆了，自己的牙齿也动了起来。"我一看到这句，英子天真可爱的形象立刻浮现在脑海里，她本应是个普通快乐的女孩，但后面的故事并不是这样的。

第一个故事虽短，但已经可以看出作者的细腻写作手法。其中有一句话："它们咀嚼的时候，上牙和下牙交错地磨来磨去，大鼻孔里冒着热气，白沫子沾满在胡须上。"作家描写的骆驼一下子跃然纸上，我没见过骆驼，可是现在可以想象它们的动作了。

《城南旧事》的第二个故事——惠安馆，看得让我心碎。从这个故事里可以看出英子善良的性格。有一句话："我撩起袖子，从胳膊上把金镯子取下来，走到窗前递给秀贞说：'给你做盘缠。'"疯子秀贞终于找到了她的女儿——妞儿，她们要坐火车去找秀贞的丈夫，但是钱不够。英子想帮帮秀贞和妞儿，于是就把她妈妈

第一部分 散文类

57

的金镯子给了她们，用来做盘缠。英子懂得同情别人，还主动帮助她们。

英子每天都和"疯"秀贞见面，可是她一直隐瞒着家人。对一个六岁的小孩来说，这是很难做到的，英子却很有主见，知道自己在做正确的事情。

作者在这个故事里用了好多很巧妙的铺垫，慢慢把秀贞和妞儿的关系拉近。比如，秀贞说："小英子，脖子后头中间有指头大的一块青记，那就是我们小桂子，记住没有？"英子在妞儿身上找到了这样的青记，知道妞儿就是小桂子，聪慧的英子一下子就明白了她们的母女关系。作为读者的我，心里也豁然开朗了。

《我们看海去》是书里的第三个故事。英子在一个草坪里遇到了一个小偷。他在迫于无奈的情形之下，为了供弟弟上学，只能偷东西挣钱。偶然一次，英子隐约知道了这个秘密，又不小心把它透露出去了，那个人就被警察抓走。有一句话："我慢慢躲进大门里，依在妈妈身边，很想哭。"能从这句话看出英子的内疚感。

英子从这段经历学到：有时一个人不想做坏事，可是因为某种原因又没有选择。通过这次跟小偷的接触，英子变得成熟好多。

命运多舛的英子在父亲离世之后，十二岁就彻底告别了童年。

我也快十二岁了。现在在家躲着新冠病毒，就是经历的最大的事了。我们的生活环境截然不同，但最终都会以自己的方式长大。

一件让我内疚的事

内疚，就像一个在心里住着的小妖怪。任凭我怎么劝它，它也不肯出来。唯一的一个办法就是把内疚的原因找出来，再把这个"见光死"的"小妖怪"拽出来，在阳光下暴晒。

我现在上六年级。记得上五年级的那个冬天，我在学校里吃午饭，好朋友 Lucy 就蹦蹦跳跳地来了，她好像很兴奋。她跑到我身边，带着满怀期待的表情，急切地说："我的生日快到了，我家会开一个生日派对！你来吗？"

我看了看她，想了想，问："什么样的派对呀？"

她突然地像青蛙一样跳起来，做个鬼脸，答："过夜派对，你可以在我家过夜！好玩吗？"

我愣了一下，终于开口了："对不起，我那天有事，去不了。"

她的表情一下子僵硬了，默默地说："那好吧，没事的。"

我感到很难受，她是我最好的朋友。其实，我编得是谎话。不想去的原因有三点：

第一，我到别人家肯定会睡不着。许多朋友从过夜派对回来的时候都会很困，因为朋友们会不停地聊天，很晚才睡觉。等到下一天就什么都做不了了，把第二天的作息时间都打乱。

第二，我怕 Lucy 的屋子乱和不卫生。她家有五个孩子，其中还有两个很小的小孩。我去过她家，实在没法下脚，玩具小火车在地上躺着，一大摞毛绒玩具摆放在房子的一角，沙发上的枕头全都掉到了地上。她递给我的水杯上还有脏痕。我不怪 Lucy，这样的房子一定很难保持干净整齐。

第三，我从来没有在别人家过过夜。家人离我那么远，一定会有点可怕的。再说了，我猜妈妈爸爸也不会放心的。这样一来，我们全家一晚谁都别想睡踏实。

已经过了很长时间了，可是一想起这件事我还是感到内疚。

这事以前，我从来没有骗过 Lucy，她很信任我。我不仅撒谎了，而且到现在都还没告诉她。

大概今年的生日聚会她还会邀请我吧，我就实话实说，把我心里的"小妖怪"拽出来，看看 Lucy 会不会生气。每一次都编瞎话也不是个办法呀！

朋友之间的交往需要真诚。同时呢，我也要想想说话的技巧，既不骗人也不让人家生气。

春天，想说爱你不容易

春天是一个生机勃勃，很有希望的季节。许多文人墨客都喜欢赞颂春天，我也想写篇夸春天的文章。可是，我心里却隐隐地产生了一些不安。

我住在美国的北卡州，这里到处都是花和树。花多树多本是好事，但你能想象得到那铺天盖地的黄色花粉吗？

汽车表演"变色魔术"的时间到了。各种颜色的车都统一变成黄色的了！每次我要进出车的时候，都必须动作很快，因为我不想让花粉跟着也一起钻进车里。

本来清清的河水，现在变成了"黄河"。风一吹，这儿一绺浅黄，哪儿一堆深黄。看上去很恶心！美感全无。

好多人都对花粉过敏，我也不例外。打喷嚏、眼睛痒、嗓子疼，吃药也不管用。同病相怜的人都能理解吧。这些都是花粉的错！

不仅如此，随着气温的升高，细菌们也蠢蠢欲动。

细菌宝宝们出生长大。它们可以钻入人们的鼻孔，也可以粘在人们的手上，坐着"滑梯"进入肚子，在里面玩得超高兴。你可就难受了哟！

细菌是看不见的，但害虫是看得见的。

等了一个冬天，苍蝇、蚊子和别的什么虫都出来了！它们的罪状我就不多说了。聪明的你一定懂的。

春天是一个百花齐放、万物复苏的美好季节。可是，哎……

望着你的美丽，想说爱你口难开呀！

大自然的馈赠——北卡野柿子

最近，妈妈买了一些柿饼。柿饼仍然有着柿子特有的颜色和气味。我看着看着，就想起去年秋天那次捡野柿子的经历。

天灰蒙蒙的，一棵老松树上停着几只乌鸦。秋风习习，树上的叶子随风摇曳着。我们走在某公园安静的小路上，突然，"砰！"，接着又是"砰砰！"两声。哪里传来的声音？我们四处张望……

终于看到了，一棵树下有好多橙红色的东西。再抬头往上一看，树上隐隐可见有许多小果子！

我们各自捡起来一个仔细端详。果子的皮有点皱，"头"上有着一个棕色的，像帽子一样的东西。它们极像商店里的柿子，可是又小很多，大约只有常见柿子的 1/4 或 1/5 大。

妈妈赶快拿出手机，查了查，原来是野柿子，还可以吃呢。为了确保安全，妈妈还给专家朋友打了咨询电话。真的没问题，北卡的野生柿子是可以吃的。我们的运气真好！

既然可以吃，那就尝尝吧！

我弯下身来，把一个胖胖的小柿子捧在手里。仔细地看看，又认真地摸了摸它，软软的、黏黏的（摔在地上，有了裂缝）。好新奇的感觉！慢慢地剥开皮，好多黏黏的纤维丝粘在手上，大大的籽一下子就露出来了。再把柿子掰成两半，香气扑鼻……

轻轻地用门牙咬一口，好甜！用指尖把每一个籽都挑出来，一小坨果肉就呈现出来，果断地一口把它吃掉。嘴里甜滋滋，心里美滋滋……

这么好吃，一定要捡一些带回家。妈妈从包里拿出一个塑料袋，捡起几个柿子放在里面。我们又一起掀开满地的落叶，把藏起来的野柿子也放进去。捡着捡着，"砰！"一个调皮的小柿子掉到我的头上了，紧接着又滚落在地上。不能放过它！它也被装进了袋子。我和妈妈的笑声回荡在林子里……

回家继续在网上查野柿子的营养成分。北卡的柿子大约在 9 月或 10 月成熟，含有多种维生素，还有钾、铜、锰等……是对身体很好的水果。

这次的偶然，我深藏在心。以后要把眼睛睁得大大的，不让任何美好的事物从身边溜走。

我想见见小时候的妈妈

妈妈和我的关系很亲密，我们是最好的朋友。妈妈喜欢给我讲她小时候在北京胡同里生活的事情，我喜欢把这些事情当成故事来听。于是，一幅幅的画面就浮现在脑海里。今天我想给妈妈写封信。

亲爱的妈妈：

您好！

我好想见到您小时的样子，好想和您分享那美好的时光。我可以把小时候的您叫——小妈妈吗？

我想穿越到小妈妈六七岁的时候，因为在那时好像发生了很多有趣的事情。我不要用若曦（电视剧里的人物）的穿越方法，既被车撞又触电，太受罪了。我想走进一扇"穿越门"，轻松地来到小妈妈房子的门前。

你在做什么呢？我来找你玩了！

小妈妈，你的书很少，我给你带了些书。我带了些中文书、英文书和西班牙文书，一边念一边教你学各种语言。因为听说你只有一套《西游记》的小人儿书和几本儿童杂志。你反复看，因为没有别的书可看。这下你的书可就多了！

小妈妈只能穿"姥姥牌"衣服。姥姥的手艺不太好，裤腿有时裁剪成一长一短的，不好看。我带了几件漂亮衣服，你穿上试试，让你也美一美！

你在冬天时手上会起皲，手变得黑黑的，真难看。你只能抹一点点"蛤蜊油"。蛤蜊油是放在蛤蜊里面的擦手油，它是最便宜的。我给你带了好一点的护手霜，抹在手上，皲就可以慢慢地消失了。你愿意吗？

小妈妈，我给你带了很多零食，有各种薯片和水果糖。当然了，我也想尝一尝你吃的零食。比如，你喜欢吃的爆米花。卖爆米花的人会把米放在一个特殊的大铁桶里，然后把铁桶放在火上转呀转……直到温度足够高，再打开盖子，"砰"平地惊雷一声响，白白的米花就爆好了。我想亲耳听到那响声，也想自己捧起那一大盆爆米花。你能分给我一点儿吗？

小妈妈最喜欢玩儿的游戏就是跳皮筋，它有点儿像现在的跳绳，可又不太一样。我没玩儿过，但很想学。小妈妈是跳绳高手，每天要花很多时间和朋友一起玩儿，玩得满头大汗才回家。我也想试试，你会带我玩儿吗？

有做不完的趣事，可是，"穿越门"快关上了呀，我不得不走了……未来见！

妈妈，我的故事您喜欢吗？

女儿陈思

2020 年 1 月

饭的香味从厨房里飘出来，我几步就冲下楼，把信递给妈妈。妈妈看了几行，嘴角慢慢地往上翘了……

我是老鼠代言人

最近妈妈总是唠唠叨叨，说过段时间要给我整牙。还说我的门牙像鼠牙。简直是！老鼠有什么不好的呀？我就很喜欢老鼠。

我觉得人们对老鼠有偏见。当人们想到不好的事情时，马上就联想到老鼠，如：贼眉鼠眼、抱头鼠窜、鼠目寸光，甚至还有老鼠过街——人人喊打。哎！

老鼠其实是很可爱的。它们有大大的、亮亮的眼睛（它们的眼睛并不小），圆圆胖胖的身体，尖尖的小鼻子和细长的尾巴。老鼠背上的毛色也很有意思，有些品种有灰色的毛，还有些品种有浅棕色的毛。可是，所有的老鼠肚子上的毛都是白色的。

老鼠既聪明又反应快，而且胆子也是很大的。老鼠可以利用周围的东西作为工具，打开一些柜子的门。同时，也可以趁人不备勇敢地冲进厨房，找到想吃的东西。

它们可以把找来的食物吃得很干净，连渣儿都不剩。没有谁比它们更知道"谁知盘中餐，粒粒皆辛苦。"

虽然老鼠看起来很脏，可是它们其实是很干净的。老鼠窝里有许多"房间"，每一个房间都有特殊的用途。比如老鼠在这个房间里睡觉，那个房间里储存食物。和我们人类是差不多的。

老鼠的居住方式也和人类一样，分为每家每户。当一只老鼠外出碰到另一家族的老鼠，只要一闻就会可以得到另一只老鼠的信息，比如年龄和性别。并且，他们还可以用叫声交流。最有意思的是——他们还有像人类一样的表情！它们真是社交小能手。

我的生日快到了，今年就是我的本命年。我怎么能不为老鼠说话呢！

祝所有属鼠的人和喜欢鼠的人新年快乐！

快乐过冬的小动物

冬日，很冷。大多数动物都已经冬眠，好多鸟也都成群结队地飞到暖和的地方去了。可是，有些动物不怕寒冷，它们留了下来，继续在我们这里快乐地生活着。小麻雀和松鼠就是最常见的两种。

我喜欢观察这些不怕寒冷的小动物。从窗户望出去，清冷落寞的院子里，偶尔飞过的鸟儿给灰蒙蒙的天空带来了一些生气。

我很喜欢冬日的鸟儿。在挂满冰霜的树上，小鸟在结冰的树枝上活泼的跳来跳去。春天的它们比现在瘦好多，现在的它们就像圆圆的小雪球，甚至比在春天时还可爱！有时我还能看到两只鸟打架的一幕，很胖很胖的小鸟你追我赶，用尖尖的小嘴攻击对方，真有意思！如果运气好，鸟儿会离窗户很紧，它的胖肚子一起一伏，亮亮的眼睛好像在看着我。我能许久的看着它们，一点儿也不厌烦。

望的时间一长，松鼠也自然而然地进入了画面。

小松鼠的皮毛变白了，上面粘着冰霜。不管春夏秋冬，小松鼠永远都是那么活跃。

据科学家讲，松鼠的记忆力不好。过冬的食物约有百分之七十都找不到了，有可能最后就被别的动物吃了。

小松鼠警惕性很高。它有一个很有意思的习惯：先靠近坚果，可是不拿起来，嗖地一下躲到附近的树后面。再回来看看，再跑开。要这样反复多次。最后终于下定决心，用小爪子捧着坚果，像小孩一样吃起来，嘴巴动得特快。吃上几口，就一蹦一跳，抱着坚果跑走了。

这两种小动物在冬天仿佛愈加可爱了！

麻雀和小松鼠都很坚强。它们不管周围环境的残酷，生存的艰辛。总以乐观的心态去展现自己可爱的一面。因为它们知道，"冬天来了，春天还会远吗？"

漫长的冬天，真高兴有它们的陪伴。

中国蹲VS美国蹲

在中国玩的时候，我经常在人多拥挤的地方看到中国人蹲着，比如在公园门口或在等车的人群中。这一蹲，就可以很长时间。可是在美国好像没有这种现象。

于是，我仔细观察和总结出来一些不同之处。

中国蹲——也叫亚洲蹲。中国人的脚是在地上平放着的，整个脚掌着地，脚跟贴地。深蹲，重心低。

美国蹲——也叫西方蹲。美国人的脚不是平放着的。脚趾着地，脚后跟翘起。身体重心放在脚趾上，为了保持平衡，身体不由自主地左右摇摆。

中国蹲的好处可就太多了。

我很小的时候，有时妈妈因为某种原因找不到座位，我就坐在她的膝盖上，她可以蹲着给我喂饭。听爸爸说一蹲就二十分钟。从那时起，爸爸就开始佩服中国蹲了。

妈妈的中国蹲就像一把折叠小凳子，随身携带。我可以在上面换演出服、梳头、换鞋……

我现在已经长大了，不能再坐在上面了。可还是很怀念这把"凳子"。

学中国蹲难吗？答案是肯定的，难！

有好多回，我们全家在机场没事干，爸爸就会练习中国蹲。他小心翼翼地蹲下身，骨头关节发出"咔、咔……咔、"的声音。妈妈看到了，就无可奈何地说："别练了，我不想找麻烦，还得把你送到医院去！飞机也坐不上了。"

现在我是家中唯一的学生了。我可以蹲，但是蹲不长。因为我总是在中国蹲和美国蹲之间转换，需要妈妈不断的提醒。

听说山西人喜欢蹲着吃面。碗很大，一定需要吃很久。蹲功夫了得呀！

我也喜欢吃 biangbiang 面。如果有机会去山西，那就要找棵大槐树，买碗面，蹲着和妈妈一起吃。

牛

牛是一种很常见的动物，它的一身都是宝。可是，牛坎坷的一生又有多少人想过呢？

牛的身体很大，显得也很壮。拱起的背，大大的肚子，颜色各异的皮毛，看上去挺威风。最有特点的是大、黑、亮的眼睛。人们是很喜欢牛的！

我先从公牛说起吧。

它是西班牙斗牛场上的主角。斗牛士利用它看到红色就愤怒的本性，不断地欺负它。

我在西班牙的时候，在电视上看到了一次斗牛比赛。斗牛士先用红布逗着牛跑来跑去，再寻找机会把彩色的小剑插到牛的背上，直到最后插五六支剑在上面，牛就算输了。牛疼痛极了，流着血，直到被工作人员拖走。

太残忍了，我捂住眼睛，再也不想看到这一幕了。

可是，斗牛是西班牙的一大特色。如果西班牙没有斗牛，国家就好像失去了灵魂。

再说母牛吧。

人类为了得到牛奶，把刚出生的小牛犊从母牛身边带走。也不管这位新妈妈的感受，多么残忍呀！

我同情牛，因为它们为人类付出的太多。而且只吃草，也不需要吃大餐。

但又能怎么办呢？我们需要牛奶，也需要公牛帮忙耕地。真是无可奈何呀！

牛牛们，请原谅我们吧！

"中美"关系很好

　　我的爷爷从没来过北京,他是一个地地道道的美国人。我的姥爷一家人都是土生土长的中国人。爷爷怀着好奇的心情来到了这个我最爱的城市,他们进行了一次历史性的"会晤"。

　　姥爷一家人请我这个老外爷爷来到一家刻满福字的,具有北京特色的餐厅。家人们都热情地帮爷爷点菜,还耐心地给爷爷推荐和介绍各种美味菜肴。爷爷不会用筷子,于是他们又忙着给他找刀叉。

　　爷爷非常受感动,可是他不知道怎么表达,大家都有些尴尬。讲中文的"中方"开始聚在一起聊天,爷爷看起来有一点"孤单"。于是,我就开始帮助爷爷翻译。

我是第一次做翻译，说话有点颠三倒四。可是，爷爷乐呵呵的，一副感激的样子。他大概觉得能听懂一些就比什么都不懂强。

姥姥总是喜欢跟爷爷说："再吃一点！"爷爷总是说："我饱了，饱了，谢谢！"姥姥继续劝："再吃半份儿烤鸭吧！"

舅妈把她的双胞胎宝宝抱到爷爷面前。他们不想被爷爷抱，可是一个宝宝被爷爷的大鼻子吸引了，开始摸起爷爷的鼻子来！舅舅说："宝宝喜欢外国人的大鼻子！"爷爷哈哈笑！

饭后，爷爷想给"中方"致辞表示感谢。我像联合国的翻译一样帮他翻译。他幽默地说："今天和你们过得很愉快。现在给你们讲个趣事！我昨天去了天安门广场，过安检的时候，在人群里挤呀挤，挤了 45 分钟才过去。我从来没有见过那么多人！但是天安门广场很大，比我想象的大！还是值得一去的。"中国家人都很惊讶，天安门广场只有几站路的距离，可是他们好多年都没去过了，不知道现在有这么多游客。

最后，爷爷给中国家人一些礼物，双方都很快乐。

这次会晤很有意义。虽然我们语言不通，但还是亲如一家。爷爷说他有时间还会再来中国的。

我为多肉植物狂

多肉植物是非常常见的观赏植物。我喜欢它们胖胖的叶子，有趣的形状，种类繁多的品种。我更喜欢观察它们成长的过程和赞叹它们坚强的精神。

我不知道爱好养多肉的人多不多，可是我最大的爱好就是养多肉。

家里多肉植物随处可见。有的摆在窗台上，有的放在桌子上，有的放在茶几上，还有的摆放在电视机下面的桌子上。即使这样，我还觉得不够多。每次看到新的品种，我都会把它买回来。

多肉植物品种很多，有的像花，有的像小树，有的像一串串葡萄。有的是浅绿的，有的是深绿的，有的中间绿，边缘是红色的。但是每一株都有胖叶子。每次去商店买多肉植物时，都会挑得眼花缭乱。

我爱观赏多肉植物的成长变化。当我刚买到多肉植物的时候，它还是小小的。我每天都看到它在慢慢地长大……有一天，我突然看到多肉植物中间长出了一个花骨朵！过了几天，多肉植物开出了一朵鲜艳欲滴的花。

并且，多肉很会适应环境。我去长途旅行的时候，不用请朋友帮着养，因为我知道，它们不会死！因为缺乏水分，多肉植物的叶子都会皱起来，颜色也会加深。就这样，它们进入了"睡眠状态"。于是，多肉们就可以安全度过干旱期了。回家给它们浇水，过几个小时后，叶子就像气球一样鼓了起来，真有趣！我可以想象它们能在沙漠里生存，虽然那里很热又缺水，但是它们还是坚持住在那里。我觉得多肉植物坚持不懈的精神值得学习，谁会不佩服多肉植物呢？

多肉植物现在已经变成我生活中不可缺少的一部分了。我每天都要看它们，给它们吹葫芦丝。我为多肉狂，而且也觉得更多人也会像我一样有养多肉的爱好，大家都为多肉狂！

我的一天

我是美国的一名小学生。我的生活跟中国孩子差不多，每天都在学校里玩和学习，有的时候高兴，有的时候伤心。但是在春节前的一天，我过得很快乐！

那天早晨，我吃完妈妈做的香喷喷的鸡蛋炒米饭就上了妈妈的车。在路上从车窗望出去，旭日东升的太阳晃得我睁不开眼。

很快就到学校了，我和其他班的小朋友都在急匆匆地跑向学校……刚一进去就碰到了我的艺术老师。艺术老师说："你可以在今天艺术课的时候帮我一个忙吗？"我好奇地问："什么忙？"艺术老师神秘地说："一会儿你就知道了！"究竟是什么忙呢？我好想知道呀！我刚要再问她一遍，她已经走向教室了。

终于，艺术课开始了！我一进去就看到一个件不可思议的事，艺术老师正在照猫画虎地写中文字！她身边有一张带中文字的纸，她好像在抄这些字。我走到她身边，一边看一边高声地念起来……艺术老师说："你能帮我写这些中文字吗？我们学校要做一个舞台背景。"我说："可以呀！"过了一会儿，我告诉她"中国"这两个字的意思，她觉得字很好看。

午餐的时候到了！我和同学们走进明亮的餐厅，太阳光照在妈妈做的手擀面上，油亮亮的，朋友们都看着面流口水。他们觉得中国美食和文化都很有趣，都想要自己的中文名字，于是我起了一些好玩儿的名字，如王汉堡、李马、赵果和张爬。

下午的时候，我给同学们看了一个介绍春节的幻灯片。那可是我用了一个月的时间制作成的呢！查资料、放照片、写故事、装饰幻灯片，并且翻译成英文和西班牙文。里面讲了春节的食物、年的故事、春节装饰、还有一个小测试！同学们都想跟我一起过春节。

放学了，妈妈来接我。在车上，我兴高采烈地告诉她学校里发生的事，妈妈笑得合不拢嘴。

妈妈告诉我好多中国小朋友都去课后班，像我一样要学弹琴和打网球。我倒是挺喜欢做这些事的，大概是因为我们作业不多吧！而且我也不介意每天和妈妈学中文，像"葫芦娃"和"马小跳"的故事都很有趣。

晚上我躺在床上，望着窗外的"大香蕉"月亮，想着在学校发生的事情，觉得今天过得好充实。记得在小学语文课本里有一句话，季羡林爷爷说："要培养中西贯通的人才。" 我很想成为一名传播中西文化的小使者。

如果我住在中国，我的一天会是怎样的呢？

第二部分 游记类

瓦萨沉船博物馆

我听过许多关于维京人在海上航行的故事。故事里，他们开着战船在海上乘风破浪，但使用的船大多小而破旧。今年冬天我在瑞典旅行时，去参观了瓦萨沉船博物馆。这里的船可不一般呀！

瓦萨号其实不是维京人的船，它是一艘瑞典皇室的战船。它的设计由瑞典皇帝批准，并由整个瑞典最好的造船师共同设计。预计可以承受敌人的炮火和恶劣的天气。但是，灾难却发生了。

1628 年，瓦萨号准备起航了。大群的人们从岸边观看着这激动人心的一刻。正在这时，一阵狂风吹来，瓦萨号倾侧了。风停了一会儿，瓦萨号刚要恢复平衡的时候，又一阵风刮来了，海水从打开着的炮门冲进了船舱。这让瓦萨号变得越来越沉，最终沉入了海底。灾难发生时，约 150 人正在等船，其中约 30 人死亡。因为大部分登船的人都被岸上的人救起，所以死亡人数还是算很少的。

瓦萨号这个巨大的工程为什么失败了呢？科学家们认为船的设计是有问题的。瓦萨号重心太高，所以本身就是不平稳的。而且，炮门是开着的（为了展示给人们其漂亮豪华的内饰）。如果以前炮门是关闭的，船可能就不会下沉了。看来，那时的人们对造船还没有足够的经验。

最初，人们想尽办法要把瓦萨号打捞上岸。他们用钩和矛用力向上拉，但它们唯一的成果就是把船扶正。

17 世纪 60 年代，人们又有了新办法。一群潜水员决定先把船里的大炮捞上来，这样就能减轻船的重量。然后，他们再把船捞上来。30 米深的水下几乎完全黑暗。即使这样，潜水者们也捞上了 55 枚大炮。可惜的是，打捞过程中，潜水员们毁掉了船的其中一小部分。

1956 年，又一群潜水员开始尝试打捞瓦萨号。通过那时的最新科技—水下电视摄像机，世界各地的人们都可以观看潜水员们的进展。潜水员们在船下挖掘了一个隧道，然后用喷嘴喷出高压水柱将瓦萨号推向浅水区。这次的打捞终于成功了。世界各地的人们那时一定都在银幕前欢呼吧！

现在，瓦萨号在瓦萨博物馆展示着。博物馆分三楼，这样游客们可以从三种角度观看瓦萨号。

现在的瓦萨号整体都是深棕色的，但以前它的样子可是雍容华贵的皇室风格。它的颜色包括金色、黄色、白色、绿色、红色、紫色和蓝色。船上还有近1200个精致的小雕塑作为装饰。如小天使的雕塑、士兵的雕塑、皇家的金色狮子图案和更多大小不同的雕塑。以前的瑞典人认为瓦萨号代表着他们的权威和力量。

虽然瑞典人民失去了他们的一艘战船，但给后人留下了一段珍贵的历史。每年无数的游客从世界各地赶来，来参观这艘在海底沉睡了333年的大船。

圣托里尼的音乐体验

一提起希腊，多数人都会想起希腊的美景、食物和神话，很少有人想到音乐。可我在希腊旅行的时候，还特意去参观了一个音乐体验馆（Symposion）。这一行，我真的体验到了希腊音乐和乐器的妙趣。

通常的博物馆有时会给我沉闷的感觉，但是这个音乐体验馆真是别有洞天。踏进阳光扑照的白墙包围着的小院子里，攀爬的绿藤和花盆里的小花排放的恰到好处，没有半点局促之感。有一种象征着幸运的希腊吉祥眼图案也随处可见，它们仿佛静静地看着这里的每个角落，保护着前来的每一位客人。音乐体验馆是一个既有舒适的气氛又有希腊特色的地方。

在这里工作的一个女人带着我们全家来到了一间非常凉快的屋子，屋子的一角里摞着很多大酒桶。原来，这间屋子以前是酒窖。难怪我们都感到酷暑全无，神清气爽。在这里她给我们讲述了体验馆的来历。

接下来，女人又带我们来到了下一间更加宽阔明亮的屋子，它也是由酒窖改成的。这间屋子的一边摆放着各种希腊传统乐器，另一边有很多座位。阳光从高高屋顶上的小窗户钻进来，再加上室内灯光和白色墙壁，用它来做音乐教室再合适不过了。

主角上场了！一个男人笑着走到了音乐体验教室中央。他穿着宽松的浅黄色上衣和白色的裤子，留着长发。仙气飘飘地来到了我们面前。

这个男人叫 Yannis，是这里的音乐家，各种希腊乐器他都样样精通。他把希腊神话和音乐合为一体，像讲故事一样把希腊音乐介绍和展示给我们。

音乐在希腊神话里是很重要的，他首先从这里讲起。希腊人认为所有人都可以演奏音乐。为了证明这一点，Yannis 递给每个

人一个简单的乐器，自己吹起了他最喜欢的希腊双管笛（Aulos）。伴着双管笛清脆的声音，我们自然地配合着演奏起了自己的乐器，大家都很开心。这让我发现，音乐真的不像数学一样有正确和不正确的答案，只要玩儿得开心就好。

音乐之神无处不在，声音代表着他的存在。Yannis 指了指音乐教室屋顶上的窗户，开玩笑地说："你们看，音乐之神从窗户外飞进来了！"。我们和神在一起了！很有意思的希腊观。

借助神之力，Yannis 拿出了一把竖琴递给我。他说，所有的人都可以用这把竖琴弹出美丽的曲子。我摆好竖琴，小心翼翼地拨了拨弦，没想到弹出了一个好听的音符。我再弹了几个音符，音符串在一起就变成了一连贯的音节。竖琴的声音神秘又温柔，我感觉自己穿越到了古希腊，在和古希腊人一起演奏音乐。

这一节特殊的音乐课结束了。Yannis 告诉我们，想要自己制作乐器的人可以和他一起制作排箫。我从小就喜欢排箫那种空灵的声音，所以这个机会是一定不能错过的！

Yannis 给每个要制作排箫的人七根长短不同的，用甘蔗做的管子。我们先把管子里面的甘蔗碎片用小棍子挑出来。然后，我们把每一根管子的上方和下方用砂纸磨平。所有的管子都准备好了以后，就可以用橡皮筋把所有的管子从长到短按顺序捆在一起。这个捆的动作要重复很多遍，直到排箫管被结结实实地捆扎在一起。

所有的步骤都做完了以后，排箫就可以吹了。吹排箫也是有点难度的，吹排箫时管子和嘴唇要形成九十度角才能吹出声音。我练习了好一阵子才学会。

排箫的管子是纯天然的，因此它不能吹出普通的音阶。排箫可以吹出天然音阶，天然音阶的声音让我想起风吹过草地的那种沙沙声。

希腊有一个特殊的习俗，做完一个乐器就要在乐器上面写一个褒义的形容词。Yannis 说，每个人可以随便挑一个希腊语的形容词，然后他就会告诉我们这个词的意思。我随机选择了一个词——ΔΙΑΝΟΙΑ，Yannis 告诉我这个词的意思是"超于常人的智慧"。没想到我的运气这么好！

我拿着自己做的排箫刚要准备走的时候，就想起了在 Yannis 的音乐课里的另外一把乐器——希腊双管笛。这个乐器形状独特，像一个没有封口的三角形。而且，这个笛子可以同时吹出两个音。不知道 Yannis 卖不卖双官笛，我也想学一学。

没想到，我问 Yannis 的时候，他居然一下激动了起来！他说，我可以成为唯一能吹希腊双管笛的有中国血统的人，以前从没有中国人买过这乐器。紧接着就拿出了一支没有做完的双管笛给我。他说这支笛子是特意给像我一样的左撇子做的，虽然没有做完，但我也可以试试吹一吹。

Yannis 一步步地教我怎么把手指放在笛子的孔上，结果发现我的手指实在太小了，根本盖不住孔。Yannis 笑了："真没想到还会出这样的问题！"他感叹道。但问题可以解决！ Yannis 打开了一个柜子，柜子里全都是各种各样的双管笛。他拿出了一支孔小一点的笛子给我，让我再试吹一下。孔的问题解决了，Yannis 又教我怎么用笛子吹出各种不同的声音。我会吹葫芦丝，领会起来很快。

这时，Yannis 说了句让我印象非常深刻的话："以前，我都是为别人演奏，但现在你在为我演奏，感觉是很不一样的。通过你的演奏，我对这个乐器有了更深的理解。"我想了想，还真是这样！听别人演奏和自己演奏，对同一首曲子的感受是不同的。

我们该走了。临走时，Yannis 忘了疫情，给了我一个大大的拥抱。我对 Yannis 说，我一定会练习双管笛的，吹得熟练一点的时候就会给他发视频。他非常希望和期盼我能成为双管笛"家族"的成员。

希腊双管笛已经很少有人了解了。我也要像 Yannis 一样让更多的人了解双管笛，让它永远都不会被忘记。

安徒生的故居

安徒生，1805 年生于丹麦的奥登塞。他是丹麦人民的骄傲。

我从小就喜欢看安徒生的童话，可一直对安徒生的生活不太了解。今年夏天，我们家去参观了安徒生的故居。现在我感觉与他和他的童话故事又走进了一步。

奥登塞到处都留着岁月的痕迹。这里的路是鹅卵石铺的，房子是保存完好的老式房屋。这种房子都比较矮，它们颜色多彩，最常见的颜色是黄色。空气中弥漫着甜点的味道，散发着轻松休闲的气氛。我走着走着就发现了一个安徒生的雕像，雕像在阳光下闪闪发亮。安徒生是这座城市的代表和象征。

参观安徒生的故乡包括三部分：出生地、童年故居和博物馆。

安徒生出生的小屋

安徒生出生的小屋是一栋坐落在街角的 L 形黄房子。可惜小屋内部在修缮，我不能进去看看。于是，我趴在窗户上向里瞧了瞧，房子的面积不大，里面是空的。

写到这里，我不得不介绍一下自己的祖先，因为这栋房子和我家有着密不可分的关系。

在来这里之前，奶奶给我详细介绍了欧洲的家谱并看了很多家族人的照片，其中最重要的就是这黄房子。我奶奶的奶奶在 1875 年出生在这屋子里，不知哪一年搬走的。只知道这座小屋在 1905 年被修缮成了纪念馆，1908 年对外开放。

驻足在房前良久，安徒生和祖先家人的影像轮流浮现在脑子里，交替闪过，不知应该用什么心情去感受。猜想着，祖先和安徒生在这里生活得怎么样？奶奶的奶奶小时候会不会看安徒生童话？

我祖先居住过的小屋

安徒生出生的小屋 摄于 2021 年 7 月

这黄房子看来一定可以被保存下来了,那祖先的故居也就能保存下来了。我还是挺幸运的!

安徒生的童年故居

我们离开安徒生的出生地，步行十分钟就到了他的童年故居。安徒生两岁的时候就搬进了这座小屋，14岁离开去了哥本哈根。在这12年里，安徒生构思和完成了许多脍炙人口的童话。

这座房子也是黄色的。幸好童年故居不在修缮，我可以进去看看。

这栋房子也同样不大。我走进一扇很不起眼的小门，门里有一个小纪念品店。我看到了丑小鸭的毛绒玩具、安徒生的童话书和一些有奥登塞特色的装饰品。

过了纪念品店，我就来到了一间很小的房间里。简朴的家具，椅子、柜子、地板，包括床都是用木头做的。一张桌子上摆着各种做鞋用的工具和几双没有做好的鞋子。可能是因为以前人们为了省钱，所以自己做鞋子，我猜。

安徒生的童年故居还有一个小院子和花园。现在院子的80%都是后人扩建的。据说安徒生以前经常在这里玩，这里也许给予了他不少灵感吧。

安徒生博物馆

安徒生博物馆的开馆时间到了。我离开了童年故居，又走回了安徒生出生的小屋。因为新的安徒生博物馆就建在他出生的小屋后面。博物馆是由建筑大师Kengo Kuma与他的团队设计打造。安徒生博物馆在2021年7月开始试营业，我是在7月24号去参观的。这可真是先睹为快。

博物馆里的工作人员给每人一副耳机，并且解释道：在参观博物馆的时候要慢慢走，每到一个体验区域要停下来，耳机会播放这个区域的故事或介绍。

博物馆这种新颖的建筑风格非常吸引我，每个体验空间都有自己的风格。介绍童话的体验空间里有丑小鸭和小美人鱼的剪影图案。另一些空间里有安徒生的手稿和物品。我学到了安徒生的一些趣事，也了解到了一些没听说过的安徒生童话。

安徒生博物馆虽是一次很特别的体验，但我还是更喜欢看书。每个人对安徒生的童话都有自己的理解，所以有时博物馆里展示的人物和氛围跟我想象的不一样。

最后，我拖着疲惫的身体走出博物馆。这一天对我来说可真是信息大爆炸的一天呀！

我听说，安徒生的梦想之一就是让自己的故乡出名。他真的做到了！

这地方，让我想起奶奶

我的祖先是丹麦人。奶奶告诉过我许多关于丹麦的故事。为了更了解我的血脉至亲，于是我决定到祖先的家乡奥登赛，去看看它曾经的模样。

奥登赛的 Funen 小镇是一个由 25 座从 18 到 19 世纪的丹麦小屋组成的开放式露天博物馆。这里的小屋都是后人从 Funen 地区四处搬来的，然后按照丹麦传统古镇的结构拼在一起。虽然这座小镇是后人建造修缮出来的，但我在参观时，完全可以感受到一百多年前当地人生活的情景。

房子的茅草房顶厚大，且价格便宜，大概比较容易修补。小镇分为几个区域，最靠入口的是农场。

农场好静。两只胖乎乎的小猪怡然自得地躺在地上，它们身后刷着红色油漆的农舍敞开着门。另一边，几只鹅正在一个池塘边梳理着羽毛。空气中氤氲着干草的味道。

与之相反的另一边，热闹极了。一大群燕子穿梭在空荡荡的马厩里，出出进进，叽叽喳喳，好像在争论着什么，我能听懂它们的语言就好了。马厩外，两匹高贵的马慢慢地吃着草，一副贵族气质，像是这里的一切都和它们无关似的。

不远的地方，一个大风车在风中缓缓转动着。风车周围养着几头牛，牛们不慌不忙地吃着草，像玛瑙一样的眼睛在太阳下闪光。这幅场景非常眼熟，却想不起是在什么地方见过。

除了农场，Funen 小镇还有很多人们居住的生活区。这些房屋好多都会跟自家小店连在一起，营业和居住结合，应该很方便吧。据奶奶说，她的奶奶就这样生活过一段时间。

比如门前挂着鞋的这栋房子。小屋里摆着许多不同的做鞋工具，后面有厨房和床。虽简朴，但我能感受到一种温暖的生活气息。

还有几间富人的房子，里面房间非常多。房间里有很多农场风格的装饰,丹麦小屋的内部装饰都有一种特有的温暖,像是可以坐在冬天的火炉旁,静静地看着雪轻轻落下。

这屋里的壁纸和家具风格让我想到我的奶奶。我猜这种温暖就深深地藏在奶奶的血脉里。她也许是在不经意之间把自己的家装饰成这样的,现在我才领悟到这一点。

我继续在 Funen 小镇里闲逛,发现一个小笼子里的母鸡和她的小鸡们。像小毛球一样的小鸡们正在一起玩,眼睛里透露着天真无邪。母鸡慈爱地看着小鸡们,尖尖的小嘴好像在笑。我正看着出神时,听到了一阵马蹄声。转身一看,一辆马车从远处驶过来。马夫穿着百年以前的衣服,马蹄卷起了滚滚沙尘。马车好像穿越过了时光隧道,它在向我走来,它在向这尘世走来。

我似乎从 Funen 小镇里学到些什么。丹麦人以前过着自给自足的生活,小镇里的人互相帮助,像一家人一样。现在的丹麦人不也是这样的吗?

现在我很想见到奶奶,把我照的照片给她看。这次该我给她老人家讲故事了!

维京人生活的点滴

想起维京人,我就会联想起一群带着牛角帽,穿着用动物皮做的衣服的野蛮人形象。我还看到过一些搞笑的,有关维京人的动画片和书,里面的维京人好像都不太聪明。因此,我一直认为维京民族是一个不太强盛的,没有文化底蕴的民族。但是现在的我的观点跟以前完全不同了。

我夏天在丹麦旅行时,去过了一个非常有特色的"维京人小镇"(Vikingeborgen Trelleborg)。我在那里参观了维京人风格的房屋、学习了维京人的时尚、品尝了维京人的食物,甚至还观看一场维京人的战斗演出。

放眼望去，一栋栋白色的帐篷点缀在暗绿的草坪上，和中国的蒙古包有点相似。穿着维京人传统服装的人穿梭在帐篷内外，有的在帐篷外做着饭，还有些正在集中精力练习射箭。

我随意观察着离我最近的一顶帐篷。这个帐篷外有张桌子，上面摆放着介绍维京人的服饰和发型的照片。帐篷外的女人穿着一条朴素干练的单色连衣裙。最吸引我的是她的发型，好几条很细的鱼尾辫编成了一个小丸子。接着，女人给我看了很多维京人发型的照片，每种的风格都不一样。每天都梳着同款马尾辫的我羡慕得啧啧称奇。这种发型需要梳多长时间呢？

女人还说，维京人其实不戴牛角帽，他们平时都戴简朴的铁帽子。我印象中的维京人形象从这时就开始发生改变了。

不远处，食物的香气随着风，不紧不慢地飘进了我的鼻子里，刺激着我本已饥肠辘辘的肚子。另一个帐篷里，三个金发少女和着面，还有一些人在帐篷外的篝火上烤香肠和鸡肉。它们正做着维京人的粗粮肉卷。

我买了两个鸡肉卷和一个香肠肉卷。粗粮做的面皮上沾满大颗的玉米屑，这些玉米屑粘在我的手上，这才明白了锅里没有放油的原因 — 不用油也不会粘锅。包在里面的肉调料不多，但味道香醇，这是走地鸡，不是养鸡场饲养出的鸡。非常实在劲饱的食物。爸爸也点了一小杯酒，他说很好喝。但是对他来说，所有的酒都"很好喝"。

吃完肉卷，我继续探索小镇。这边有人制造传统武器，那边一位老太太在维京风格的小屋里给小朋友们讲故事。我也想听故事，但听不懂丹麦语。

帐篷很多。据介绍，住在这附近的丹麦人可以和孩子在这里生活一段时间，体验以前维京人的生活。就像全家夏令营一样。

逛了一段时间后，我发现在这里的人和物都有一个共同点—朴实。朴实到甚至有点简单粗暴。比如，维京人的衣服样式简单，但也有一种独特的美。他们的食物只不过是肉包在粗粮面皮里，但方便携带，味道也好。丹麦人似乎也有这样的性格，做事干净利落，说话好像也更容易说到重点。

不知过了多久，我注意到两群拿着武器的人在一个山坡下聚集。没想到，我居然赶上了一场战斗演出！人们将会重演一场有名的维京人战役。

　　很快，鼓的声音响了起来。观众都聚集在了山坡上，山坡下的演员们排好了队伍。我走上山坡时，发现了一个穿着蓝色裙子，戴着一个狐狸尾巴装饰的金发小女孩。她走路十分优雅，软软的狐狸尾巴一蹦一蹦，让她显得像维京人童话里的小狐仙一样。

　　战争开始了！两支军队喊着口号，陆陆续续地来到了草坪的两边。军人们全副武装，有的拿着长枪，有的拿着剑和盾牌。

　　随着一声宣战仪式的结束，两方拿着武器冲向了草坪中间。瞬间，两方军队就打成了一团。荡气回肠的呐喊和一阵阵深沉而凌乱的金属碰撞声就回荡在空中。

　　有战争就不免会有"死伤"。被"打死"的人们会一瘸一拐地撤离战场，然后倒在草坪里。过了不久，草坪上就"尸横遍野"了。这种场面甚至有点壮观。

　　还"活着"的军人们慢慢减少，直到有一方军队明显胜出。赢了的军队首领夸张地把另外一个军队首领"杀死"了，然后大家就开始鼓掌欢呼。

　　演出结束了，演员回到了他们的帐篷里。我们也该走了。

　　参观维京人小镇让我明白了，原来维京人不是个没有文化底蕴的民族。他们在海上冒险，生活虽然艰苦，但是他们有着勇猛顽强的精神。他们到现在也引以为傲。丹麦家长把他们的孩子带到维京人小镇住一段时间，可能就是为让他们学习维京祖先的智慧和精神吧。

桥上的花园

你一定走过很多桥，也一定逛过无数花园。但是，你见过桥上的花园吗？

花桥（Lake Lure Flowering Bridge）就是建在一座老桥上的花园。这座桥历史悠久，已经有96年历史了。因为桥太老了，所以北卡政府就在花桥附近建起了一座新的桥。附近村子里的人们决定把这座老桥变成花园。而现在，花桥就像山中的一个宝藏，让人们在最想不到的时候遇到它。

我们全家也是在无意中发现花桥的。那天正在下雨，天阴沉沉的。远处看，我以为花桥是一家园艺品店，因为花园看起来整整齐齐的。以灰蒙蒙的山为底色，它像是中国水墨画上的几处鲜艳色彩。

走入细长的走道，我感觉自己被左右的花簇拥着。一阵阵植物的香味夹杂着雨水的潮润扑面而来。

花桥里不仅有花，而且还有人工制作的艺术品。我顺着脚印形状的石头铺成的路，边走边看。花园里摆放着一些厚厚的"童话书"，好奇怪呀？走近一看，才发现它们都是画着童话书封面的砖头！不知道是哪个有创意的艺术家在石头上画了封面。离童话书不远的一个树洞里竟然藏着一只小熊玩具。花桥让我想起童话世界，没有烦恼，只有温暖。

站在桥的边上，遥望远方。山峦叠嶂，仔细看，山上零星坐落着些房子。再看桥下，水势湍急，正发出万马奔腾的响声。

花桥从老桥变成了设计精美的花园，都归功于当地志愿者的贡献。据说，志愿者们集思广益，他们充分利用了老桥的每个角落，创造出了一个小型的童话世界。花园建好了，还需要经常维护。如果花园里的一个砖头童话书褪色了，志愿者们就需要重新涂色。如果一株植物死了，志愿者们就需要再种一株新的植物。

如果没有他们的贡献，花桥应该会成为一座没有任何用处的老桥吧？

花桥是人们努力的成果。它以前是一座破旧的、废弃的桥梁。而现在，它再次有了生机，成为了我见过的独一无二的景观！

在美国的中国房子

几年前妈妈就告诉过我，她想带我去看一套在美国的中国房子。

妈妈是马未都的粉丝。在一档马先生的节目里，他介绍过这座房子，他说如有机会你们一定要去看看。前些天我们在波士顿旅行的时候，就没有错过这个机会。

这座房子叫荫余堂。荫余堂是已经有 200 年历史的老房子，它原本坐落在中国东南部的一个小村庄，里面居住过八代徽州商人。

这栋房子之所以能来到美国，全靠一个文化交流计划。工人们先把这座房子拆掉，然后再把房子的每一部分都放在船上运到美国。到了美国之后，他们把荫余堂按照在中国拍的照片重新建了起来。现在，荫余堂在波士顿的 Peabody Essex Museum 里展览。

走进荫余堂后，我看到的第一个地方就是前院。前院的四边围着白色的墙和灰色的瓦。院子里没有任何装饰，只有一片草坪和一条石头铺的路。以前，妇女们在前院里养鸡、晒衣服和晾豆角。我还可以想象孩子们在这里快乐地玩耍。整个院子都有一种简单而温馨的感觉。

我穿过前院，跨过门槛，来到了像客厅一样的一个过道。这大厅里摆着一件蓑衣、一顶斗笠和一辆旧自行车。妈妈说，她小时候就骑过这样的自行车。大厅里还有一张桌子，可能是家人们一起聊天和打麻将的地方。

穿过了客厅，一片蔚蓝的天空出现在头顶，这就是天井。除了前院，天井是荫余堂里唯一能采光和透气的地方。

站在天井中央，花格窗随处可见。它们是用整块木板雕刻而成，上面的图案都很精致。在其中我发现了一对儿对称的花瓶图案。

荫余堂的卧室是按照家人的身份分配的。我最喜欢的卧室是家庭里的女儿住的那一个。这是因为我喜欢把自己想象成这个家庭的女儿，那日常生活会是什么样子的呢？

妈妈最喜欢的是厨房。厨房里有一个烧柴的灶，灶旁的一个柜子里放着很多青花瓷的盘子和碗。现在这种中国风的厨房好像已经很少了。

房子实在太像我在中国南方见到过的房子了，简直就是一模一样。

我们今年虽然没能去中国，但是荫余堂让我在美国找到了在中国的感觉。现在，我更期盼明年能回中国了。

9岁的我和马未都先生在北京观复博物馆的合影

瓦尔登湖

今年夏天，我们全家在马萨诸塞州旅行时路过了鼎鼎有名的瓦尔登湖。妈妈说，著名的作家梭罗以前就住在瓦尔登湖的一间小木屋里，大约有两年的时间。我虽然不太了解梭罗，也没有看过他的书，但是这么有名的瓦尔登湖怎么能不去呢？

瓦尔登湖被一片茂密的森林环抱着。一座小型博物馆就建在林子中。博物馆中介绍了梭罗在这里的生活，当然也卖这本著名的《瓦尔登湖》，而且是各种语言版本的，我最注意的是中文和西班牙文的。匆匆地看了一遍墙壁上的介绍后得知：梭罗想体会在大自然里生活的感觉，于是他就在瓦尔登湖旁建了一个原始的小木屋，每天都在湖边散步，观察湖水及水中和林中的动物，也试图从大自然中获取食物，过一种极简单的生活。这让他有了很多写作灵感，他把自己的感受写成了《瓦尔登湖》，现在这本书闻名全球。书的内容很复杂，等我长大了，也想看一看。

我沿着博物馆后面的一条路，穿过了一片小树林，就来到了瓦尔登湖。一些大人和孩子们在岸边游泳和嬉戏，笑声不时地荡漾开来。

继续顺着林中的小路走向梭罗住的小屋。我时常能从左手边树的缝隙间看到湖水，湖面清澈得像流动着的玻璃，蓝色的湖水和绿色的树让人心旷神怡。天气很好,虽是夏天,但林中很是凉爽。

走着走着，我听到路旁有沙沙声，可能是只小动物吧。我朝声音传来的地方看去，发现了它——背上有着黑色的花纹，大大的黑眼睛带有警觉地看着周围。原来，它是一只花栗鼠！这是我第一次看到花栗鼠，在北卡的森林里是找不到它们的。花栗鼠正吃着一个坚果，看到我的时候就丢下坚果，遁入森林里了。

我继续绕着瓦尔登湖走，没想到过了一会又见到了一只花栗鼠。看来在这里，花栗鼠很常见。梭罗以前住在这里一定不孤独，因为有小动物们陪伴。

途中又遇到了好几只花栗鼠。走了大概二十分钟以后，我来到了梭罗故居的遗址。梭罗的故居只剩几块石头了，但从石头摆放的形状来看，这个小屋真的很小。小屋的原址旁树立着两个牌子，上面分别是简介和梭罗的一段名言。

遗址旁边有人们堆放的鹅卵石。一小摞一小摞的鹅卵石好像人们是为了纪念梭罗留下来的。

鹅卵石堆后面又蹦出一只花栗鼠。我连忙拿出相机，想给这只花栗鼠拍张照片。但没来得及照，花栗鼠嗖的一下就跑了。我沿着花栗鼠跑的方向走去，说不定还能再见到一只呢！

找着找着，我就不知不觉地回到了博物馆附近。这里有个小屋！原来，小屋是人们复制的梭罗小屋，这样我们就可以更好体会他以前的生活了。小屋旁还有一座梭罗的雕像。

这座小屋的确很小，里面也非常简朴。只有床、壁炉、桌子和椅子。我完全不能想象在这样的房子里住两年是什么样的感觉。真的是极简生活。

参观了瓦尔登湖之后，我好想更加了解梭罗选择这里的原因。每天他可以看到各种植物和动物，然后可以在小屋里写作。这样的生活也许挺快乐的吧！

我从哪里看到过梭罗一篇叫《神的一滴》的文章里的一段话："湖是自然风景中最美、最有表情的姿容。它是大地的眼睛，望着它的人可以测出自己天性的深浅。湖边的树木宛若睫毛一样，而四周森林翁郁的群山和山崖是它的浓密突出的眉毛。"瓦尔登湖给我的就是这种感觉。

巫婆镇

我在上小学三四年级的时候，听说过美国的一个小镇里以前有过巫婆。那时我很好奇，巫婆到底存在不存在呀？

没想到，最近我竟然去了位于麻省的这个叫塞勒姆的"巫婆镇"，也了解到了关于巫婆的真相。

塞勒姆是一座整洁的小城镇，四处都装饰摆放着有关巫婆的饰品和雕塑。小镇里很多巫婆主题的礼品店星罗棋布。礼品店里可以找到比较搞笑的商品，比如巨大的巫婆帽子和画着卡通巫婆图案的衣服。虽然这里的主题是巫婆，但是小镇里并没有可怕的气氛。

这种有特点的巫婆小镇，怎么能没有博物馆呢？塞勒姆一共有四家巫婆博物馆，我纠结了很久才选择了其中一家。

这家巫婆博物馆不是普通概念的博物馆，其实更像是一种戏剧表演和鬼屋体验的结合体。表演开始之前，向导就介绍了这个博物馆的主题——塞勒姆女巫审判事件的全过程。

1692 年到 1693 年，这短短一年中，一共有 19 位女人因为被指控为"巫婆"而被判了死刑。实际上，她们都不是巫婆，也不会魔法。但在那时，一个人可以用"那个人是巫婆！"这种简单的借口把一个人带上法庭。在法庭，指控者会编出各种理由来证明被指控的人是巫婆。被指控的"巫婆"不管说什么都没用，很多时候就被关进监狱或者被杀死了。不幸的是，有些人利用这点，会用这种方式来报复并杀死自己的仇人。

多么残忍的一段历史呀！为了给博物馆的观众展示以前在法庭的场景，两位演员给我们做了一次现场表演。扮演指控者的演员编出了很多没有证据的理由来指责扮演"巫婆"的演员，还假装"巫婆"在对她施了魔法，被指控的"巫婆"怎么说都不能澄清自己。演员越演越激动，声音高亢起来。最后，可怜的"巫婆"

还是被判了死刑。两位演员的表演非常投入，也让我清楚地看到那时法庭里的不公平。

演出结束了，博物馆里的向导把我们带到地下室。地下室是模仿以前真实的地牢建造的。走进地下室，气氛一下变得阴森恐怖，周围越来越暗。每一个牢房大小不同，有的像普通房间那么大，有的牢房小得都不能在里面坐下。如果被指控的人有一些钱，就可以住在大一点的牢房里。如果被指控的人身无分文，就只能住在最小的牢房里了。

除牢房以外，这个恐怖的地下室里还展示着以前巫婆被杀死的屠场。虽然被杀死的只不过是蜡人模型，但这种场景还是让我觉得很恐怖。

在地下室里参观了大概十五分钟以后，我们就又回到了阳光明媚的塞勒姆小镇。看起来这么宁静的小镇原来还藏着这样的黑暗历史。我希望以后再也不会发生这样残酷的事件。

美国诗人卡尔桑德堡

最近去 Asheville 旅行的时候，无意中发现了一位美国诗人的故居。他就是卡尔桑德堡（Carl Sandburg）。回家之后我又读了一些他的诗歌，主要挑选的是些短小简洁的，富有想象力的。

卡尔桑德堡出生在 1878 年，1967 年去世。他写过很多不同风格的诗，还被誉为"人民的诗人"。我最喜欢他写的抒情诗，每一首抒情诗都像一幅油画，让我脑子里浮现出一个宁静美丽的时刻和世界。卡尔桑德堡不仅会写诗，而且还会唱歌和弹吉他。

从他的背景猜测，我觉得卡尔桑德堡是一位很有生活情趣的人。这次故居之行就印证了这一点。

我们全家顺着小柏油路穿过了一片小树林，眼前豁然开朗，远处一座很大的白房子坐落在绿油油的山坡上。下午的阳光在一个像镜子一样的湖上闪烁，湖的右边有一座小小的木桥。站在木桥上，我们遥望着如画的风景，一家人发了一阵子感慨。桥边还有个小巧玲珑的瀑布，瀑布的水看上去很凉爽，我有了摸一下那流水的冲动，但手指够不着。于是，继续前行。这里人不多，我们的脚步声和鸟鸣声给这幅画配上了和谐的音乐。

爬上了山坡，到了卡尔桑德堡的房子前。这房子是一座很常见的美式房屋，只是在周围的环境衬托下才显得那么华丽。正因如此，它也带给我一种说不清的温馨感和亲切感，想象卡尔桑德堡在这里的生活情景变得生动起来了。可惜的是，房子的门紧闭着，我不能进去看一看里面的样子（因为疫情）。

我看到房子附近有一条路，原来是通往一个养山羊农场的小路。

沿着小路，穿过了一片又一片生机勃勃的草坪和初春刚开放的花朵，很快，黑的、白的、黑白的小羊们就在眼前了。羊儿在一块圈起来的大草坪上溜达和吃草。每一只好像都有不一样的性格，一些羊很外向，看到人就喜欢咩咩叫几声；另一些羊很内向，喜欢独自蹲在草地里吃草。在一处隔离开来的挂着白帘子的小棚子里，有两只生病的羊，其中一只还在打哆嗦，很可怜的样子！这不是很像我们人类现在的样子吗？

我从农场附近的一个简介牌子上得知：卡尔桑德堡的妻子是养山羊的高手，她养的羊都是产奶冠军，还曾经在美国各地赢了很多大奖。原来，卡尔桑德堡的妻子也很有天赋！

卡尔桑德堡真是一位会生活的人。这也和很多中国的作家一样。我也会生活，就是诗写得不好。加油！

北卡农场的秋色

北卡秋天的农场，南瓜沉甸甸，玉米黄澄澄，葵花在盛开，孩子们都在笑。这里的秋天不落寞，这里的秋天充满生机。

一个个一排排的南瓜点缀在绿色的草地上。一张张孩子的笑脸，一串串银铃般的笑声回荡在高远蔚蓝的天空下。稻谷的香味隐隐可闻。秋天的农场让人精神一振！

放飞心灵的时间到了。

原本深绿的玉米叶变成了一种带着金黄的浅绿色，从远处一看就知道玉米熟了，它们吸引着人们的脚步，也不由得使我想仔细瞧瞧。走进田地里，玉米和泥土的香混合氤氲飘散着……玉米棒上面有一撮软软的毛，好像一个小"帽子"。不成熟的玉米棒上面的毛是粉色的，嫩嫩的。成熟以后的玉米棒上面的毛是金黄色的。轻轻地把玉米叶剥开，可以看到饱满的、金黄的玉米粒。它们挤在一起，排列整齐。任凭谁都会觉得这是个丰收的好年头。

玉米地旁，一大片向日葵也闪着金色的光。向日葵在秋天的时候一般都已经凋谢了，但是由于北卡州气候温和，所以从5月到10月向日葵都在盛开，快乐地看着秋天的太阳。这种秋天的向日葵比夏天的向日葵还好看，因为它们在秋天时开得更热烈一些。向日葵的头好像抬得比夏天时还要高，毛茸茸的叶子也伸长了"手臂"。在秋天还要这么努力开放，大概有什么心中的小秘密使它们心情欢畅吧。

北卡农场里的野花是最有"创意"的。可以看见它们缠绕在玉米秆上，也可以看见它们"拥抱"在向日葵上。藤蔓上开着一朵朵小喇叭一样的野花。野花有不同颜色：白的、红的和蓝的。这三种颜色不就是美国国旗的颜色吗？可爱的野花给玉米和向日葵增添了一些色彩，也成了其它植物的好朋友。

北卡农场的秋色像一幅精致的水彩画，越仔细看越能发现更多有趣的景象。我一定要再仔细看一看这幅画，说不定还能找到更多新奇的美丽的地方。

秋色正浓，我正陶醉其中。

鬼桥

我从小就对神秘的现象和鬼怪传说有着强烈的好奇。听说在 Asheville 有一座鬼桥，我们前些天赶去看了个究竟。

传说，鬼桥附近住着一个名叫 Helen 的女鬼。一百年前，Helen 和她的家人搬到了北卡，住到了一座离鬼桥很近的房子里。Helen 还生了一个女儿，一家人幸福地生活着。但 Helen 万万没想到，她的女儿会死在了一场火灾里。她伤心欲绝，最后在这座桥上自杀了，这桥（Helen's bridge）也因此出名。她的鬼魂到现在还在这座桥附近徘徊，只要你叫她的名字，她就有可能让你的车发动不起来。

这地方很容易找。我们的车顺着车道开到了小树林边，四处的光线一下就暗了。绿色的藤蔓爬满了整个树林。那天虽然没有雾，但整个小树林都仿佛被雾气笼罩，湿气很重。

一座爬满青苔的桥映入了我的眼帘。这桥不太大，它的形状让我想起了中国的石拱桥。鬼桥在周围阴森森的树林里，显得更神秘而可怕了。

我和妈妈下了车，四处看了看。周围的空气虽然清新，但有一种说不清楚的压迫感。我想应该是心理作用吧！我和妈妈一边观察着这很不一般的桥，一边讨论关于 Helen 的事情。我们说的每个字都好像正在打破鬼桥的宁静。

我们四处寻找可以爬到桥上的路，最终，发现了一条很平坦的。鬼桥上有许多水坑，绿色的藤蔓倒映在水里，把水也变成绿色的了。

妈妈问我："我们应该叫那个鬼的名字吗？"

我想了想，还是决定不叫她的名字了。我觉得在鬼桥上叫 Helen 的名字像是在嘲讽她，是对她的不尊重。将心比心，如果有人没有原因的叫我的名字，我一定会很烦的。我相信 Helen 是一个善良的鬼，因为她活着的时候就是一个普通人，没有做过坏事。而且，人们也说，变成鬼的她也没有做过太过分的事情。不管 Helen 是真是假，我们都应该尊重她，不要惹她生气。

妈妈觉得应该叫 Helen 的名字，叫一下名字就可以知道 Helen 是真是假了。但我阻止了她。当我们要上车离开鬼桥的时候，Helen 果然没有惹我们，车顺利地开走了。

没有在鬼桥叫 Helen 的名字，确实留了一个遗憾。我现在偶尔也会想一想，Helen 到底是真还是假呢？

粽子的前世今生

我的姥爷是嘉兴人，他很喜欢吃粽子。特别是嘉兴的肉粽子。我吃过北方的甜粽子，可是没有吃过肉粽子。听姥爷这么说，我和妈妈决定到嘉兴粽子文化博物馆走一趟。

博物馆位于月河古街内。一进街口，你就可以隐约闻到粽子的香味弥漫在空气中。走不了多远，我就看到粽子博物馆的大门了。门前摆着铜雕塑，那是一位老人正在一张桌子前吃粽子的场景。

一跨进门口，闻到香味愈加浓烈了……

沿着游览顺序，首先看到的是介绍粽子的历史和演变过程展区。接下来是介绍习俗和盛粽子的器皿展示区，有很多用泥制成的小场景。再继续向前走，展示区是我比较感兴趣的，关于粽子的形状和口味介绍。从形状上分为正三角形、正四角形、尖三角形、方形、长方形等……从口味上分为甜和咸两种，咸味里又分火腿、鲜肉、咸蛋等……不同省份会根据自己的地方特色来选择味道和形状。

博物馆还介绍了粽子博物馆的三代传人。他们都为家乡的粽子文化做出了巨大贡献。这个博物馆也是他们建的。

看了半天，肚子里的馋虫都出来了。我迫不及待地冲进品尝区……

在挑选粽子时，我对嘉兴粽子的做法也产生了强烈的兴趣。粽子馅大多数是用腌制过的五花肉，用竹叶或荷叶包上，让粽子有特殊的香气。蒸粽子的火候非常重要，既不能让中间不熟，又不能让外层蒸糊。火候掌握好了以后，糯米就会慢慢地将鲜肉的油脂吸进去。

最最关心的当然是粽子的味道了！热腾腾的粽子像一个胖胖的小娃娃包在毯子里。一层层地把竹叶拨开，我看到晶莹剔透的糯米和大块肉。我先小口咬一点，糯米很软且不粘牙；再狠狠地咬上一大块，鲜肉的浓香使我不由得使劲吸了两下鼻子。三口两下一个大大的粽子就被我吃完了。难怪嘉兴粽子驰名中外呢，现在我也开始明白为什么姥爷喜欢吃肉粽子了！

　　本想邮寄两袋嘉兴粽子给在北京的姥爷，但妈妈反对。原因很简单，肉粽只有刚出锅的才好吃。我们不想破坏了姥爷的美好记忆。

走进鲁迅的“小世界”

我和妈妈以前念过一些鲁迅写的文章，比如《从百草园到三味书屋》、《秋夜》和一些别的文章……念完他的一些作品，我不由得产生好奇：鲁迅的家和三味书屋是什么样子呀？

鲁迅故居

不久前，我怀着崇敬的心情来到了在绍兴的鲁迅故居。在看过鲁迅先生的生活环境后，我更深刻地了解了鲁迅的文章。

鲁迅的家很大，格局也很复杂。有一点像北方的大四合院，但是由小院子组成的，白墙黑屋顶，每一个房间的屋顶都比较高。鲁迅家看来比较有钱！

一进门，我就看到了鲁迅家人生活活动的地方——德寿堂。整个房间的颜色是棕色，墙上挂着很多中文字的装饰，很有中国特色。继续往前走，紧挨着德寿堂是摆放神龛的屋子。接着，我在各个院子里走来走去，看到了公子和小姐们的卧室和淋浴室、琴房、绣房、书房和厨房。在饭厅里，有一样东西吸引了我，在墙上挂着一个用竹子编织成的大盖子。据妈妈说，那是用来盖剩饭的。

《从百草园到三味书屋》给我留下了深刻印象。我不由得往百草园的方向走去。可是，跟我一样怀着崇敬心情的游客很多，我只看了一眼百草园就被挤出去了！鲁迅在文章里描写的覆盆子和人参，可惜我都没有看到。

抬头望了一下天空，蔚蓝的天空上，几朵胖胖的小白云慢慢地飘了过去。天上显得很宁静。再看看地上，人们挤来挤去，周围吵吵闹闹。地上能像天空一样宁静就好了。

三味书屋是我最想参观的，因为那是鲁迅学习过的地方。我记得鲁迅笔下描写了三味书屋里的一幅画着一棵大树的画。果然，我迎面看到了那棵大树。它弯弯曲曲，有好多树枝和好多树洞，显得很老很老。我还看到了鲁迅的座位，在一个角落里。在房间的另一边有两个座位。会不会是鲁迅兄弟的座位？

乌篷船

三味书屋外面有一条小河，里面飘着好多乌篷船。乌篷船上有着两个又小又亮的黑色棚子，船夫一手划桨，一脚摇橹。在水上留下了串串波纹。我立刻联想到鲁迅的弟弟周作人写的散文《乌篷船》。因为今天太热，要不然我和妈妈也要"看随笔，喝清茶，要看就看，要睡就睡。"乌篷船绝对是名副其实的江南特色，在北方看不到这种有特色的风景！

咸亨酒店

看完了乌篷船，我们就来到了人人知道的咸亨酒店。迎面就看到了文章里孔乙己最爱吃的茴香豆。我能想象在高高的柜台前一边喝酒一边吃茴香豆的孔乙己。好可怜的孔乙己呀！

再向柜台里看，后面温酒的大木桶已经看不到了。我真想看看那个木桶是什么样子的。

现在我觉得更能了解鲁迅的一些文章了。鲁迅在《秋夜》中写的一句话"在我的后园，可以看见墙外有两株树，一株是枣树，还有一株也是枣树。"我很喜欢这句话，因为它体现出了鲁迅幽默的一面。鲁迅先生其他的很多文章我现在还看不懂。

真巧！在我的前园，可以看见墙外有两株树，一株是枣树，还有一株也是枣树。

茫茫竹海任我游

我从小就喜欢竹子。喜欢它们挺拔的身姿，成节的竹竿，随风飘动的细细叶子和迷人的翠绿。终于，妈妈带我来到了中国最原生态的竹林——宜兴竹海。

还未进园，我已看到连绵起伏的山峦上被郁郁葱葱的竹子覆盖。竹叶随风摇荡，沿着山势，真的很像绿色的海浪。当我走进林间，周围一下变暗了，显得很幽静。好多绿色的竹子围绕着我，它们千姿百态，无论是站的笔直，还是倾向一侧，每一棵都有自己的特点。

我也想从高处欣赏竹海。于是，我和妈妈决定坐缆车。

虽然缆车上热得都能蒸包子了，可是看着那大片大片的碧绿，我的心情一下就变得凉爽许多。竹林和树林不同，竹林更像丝绦，有顺滑的感觉。

下山的路很长，这时的气温大约 102 华氏度。我看着重重叠叠的，树干粗细不一，颜色不同的漂亮竹子，开始有点儿发愁。

没退路，只能走。

调皮的太阳光从竹叶中的空隙里钻进来，一些亮亮的小点照在地上。我沿着一条弯弯曲曲的小路，慢慢地往下走……

到了半山腰，我看到一个小的都算不上小溪的小溪。我沿着小溪往下走，过了一会儿，小溪就消失在一些石头中间。我有点遗憾地继续往下走。又走了一会儿，小溪又从地下钻出来了！小溪居然汇聚成了一泓泉水池！清澈的泉水配着挺拔的竹子，显得两者都更漂亮了。我迫不及待地把脚放进冰冰凉的池子里，过几分钟后，再重新上路，感觉就像充了电一样，又有了力气。

终于走下来了！突然，雷声大作，雨点噼里啪啦。我躲进一个长廊。再看竹海，大片竹子被劲风吹得左摇右摆，有一点像在跳"集体舞"。

雨过天晴，世界就像被洗了一样，竹子的绿显得更鲜艳了！竹海比以前更好看了，雨滴从竹叶上落下来，叮咚叮咚……

在离开竹林的路上，有名的镜湖呈现在眼前。竹子的倒影映在清澈的水面上，深绿和浅绿在一起，再加上灰蓝的天空，真是绝配呀！

镜湖中有千年的水母。多希望我就是其中之一，正静静地在绿水里漂呀漂……

我无法描述尽竹海之美。但从今日起，可以自称——我是个爱竹的人。

我出"远门"了

最近，我和家人出了一趟"远门"。

从三月中一直到现在，我差不多都没有出过门。但是，因为待在家里的时间太长了，所以我还是决定出去玩玩。去看看这世界是不是有了什么变化？

妈妈也是犹豫再三，疫情现在还是很严重，不能掉以轻心。于是她就为这次出门买了三个面罩。有了面罩，我们稍微放心了一点。

我打开车门，不由得想：一段新的冒险就要开始了。

望向窗外，风景如旧。只是有了一种陌生感。总觉得有什么看不见的邪恶东西隐藏在什么地方。

开了大概四十五分钟，我开始烦了。奇怪得很，疫情之前我坐在车里没有那么容易烦呀。突然，想起【华人头条】上宋丹琪阿姨介绍的面包店就在附近，我们就决定去那里买一些吃的，歇一歇再上路。

车子开到了一个干净的新店前。店外有些空空的桌椅和一些刚刚栽种的花花草草。我在车里戴上口罩和面罩，鼓起勇气下了车，妈妈推开了店门，嘴里还说着："我一个人开门就行，别乱摸。"

一进门，崭新明亮的大厅，顿使我感觉心情豁然开朗。店里比从店外看上去大多了。白色的柜台里摆着各种款式的面包。我很喜欢这家面包店！但在室内总觉得不应久留，我们就很快地买了几块面包和一杯珍珠水果茶便离开了。

我又坐进了车里。吃着面包，喝着水果茶，感觉不那么无聊。仔细观察珍珠水果茶也可以使时间过得快一些。水果茶在太阳的照耀下变得晶莹剔透。隐隐的，我可以看到茶里透明的珍珠。茶的味道没有那么甜，水果味很浓。

第二部分 游记类

113

又过了一个多小时，我看到一面小旗子，上面画着一只小熊。小熊图案下面写着 New Bern 两个字。New Bern 终于到了！路旁的小店越来越多，那些小旗子也多起来了。

街道上有一些人，但是不多，一半戴口罩，一半不戴口罩。街道上还有许多各种各样的熊的雕像。这些雕像颜色都不一样，熊的姿势也不一样。看来熊是这个小镇的吉祥物。

位于街角处的一家与众不同的小店映入眼帘。门窗上印有 Pepsi 的字样和标志。街对面还有一个漂亮安静的街心公园。

找地停车，戴好口罩和面罩，我小心翼翼地爬出了车。走过马路就发现 Pepsi 店里有很多没有口罩的人，他们在喝 Pepsi。我有点犹豫，但是还是决定进去。已经到了，不进去那不就可惜了吗？

我推开了 Pepsi 店的玻璃门。Pepsi 店里有相连着的两间屋，墙上和柜台上都摆满了 Pepsi 的纪念品和厂家介绍。在一个柜台里，陈列着 Pepsi 的老瓶子，其实跟现在的瓶子很像。不一会儿，店里不戴口罩的人越来越多了，我们就只买了两瓶 Pepsi，不情愿地离开了。

街上行人不多，我就慢慢地把口罩摘下，用吸管喝了起来。只要一看到有人迎面而来，我就赶快把口罩戴好。街上的店都开着，但是我都没有敢进去逛。

离我们很近的一群麻雀好像在聚会，叽叽喳喳地交流着，既不用戴口罩，也不需保持社交距离。我好羡慕它们呀！

我们朝河边走去，毛毛雨也下起来了。河面宽广，水面上漂泊着几艘船。乌云的倒影把河水照成灰蓝色，细小的雨点从天而降，水面上被激起一个个小圆圈，接着又一串串散开去。望向水的深处，发现一只小螃蟹正在吃着什么。

意犹未尽地踏上了回家的路。我望着窗外，周围的景色还是那么熟悉又陌生。心里总是不踏实，多么想念没有病毒的日子呀！

西班牙的香甜味

因为疫情，我只能待在家里。翻开相册，看到了我在西班牙吃过的两种有趣的甜品——紫罗兰花糖和蛋糕。

我是在马德里第一次看到紫罗兰花糖的。入住饭店附近的路边上有一个小卖部，一面很大的窗户明亮干净。我从窗外望进去，看到了好多金灿灿的，刚炸好的薯片。这些薯片下层，散装的紫罗兰花糖格外显眼。

我进店买了一些，仔细地看了看它们：糖深紫色，每一颗都是紫罗兰花的形状，淡淡的隐隐的花香钻进鼻孔。把一颗放进嘴里，又甜又酸，花香更浓了。紫罗兰花糖是一种很薄的硬糖，很快就化在了嘴里。不过瘾，又一连吃了三颗。

我开始以为这种糖很少见，可其实它是马德里的标志之一。我还在去景点的路上看到了一家专门卖这种糖的小礼品商店。

商店的门是玻璃做的，门的两旁有两个落地橱窗。橱窗里面有很高的玻璃架子，上面放满了各种包装的紫罗兰花糖。在店外就能感受到那紫色浪漫，店里更能闻到甜味带来的快感。这么多不一样包装的紫罗兰花糖，我看得目不暇接。

从那时开始，我的口袋里总是装着一些紫罗兰花糖。

离开马德里，在去巴塞罗那的火车上，我一边吃紫罗兰花糖，一边看着外面的风景。连绵起伏的小山上种着整整齐齐的，深绿色的橄榄树。每一棵树都挺拔，一排排很整齐，历落有致，浩浩荡荡一大片。平原上，临风婀娜的红色野花好像在随风起舞，比画可漂亮多了。

巴塞罗那的建筑风格是著名建筑师 Gaudi 特有的。鲜艳的色彩和圆润的外观，我还没有在别的地方见过。

妈妈在网上找到了一家甜点店。迄今为止，它已经有 114 年的历史了，名字是 (Escribá Grán Vía)。图片上面那精致花纹的蛋糕，实在是吸眼球。

不由分说，我们很快乘车赶到了这家蛋糕店。

门前的橱窗里，我看到几个小小的独角兽蛋糕棒。它们白白的头上有用糖做的三朵小花，小花中间还有一个短短的金角。每一只独角兽蛋糕棒都做得让人舍不得吃。

我继续往店里走，柜台里摆放着一排排精致的小蛋糕。小蛋糕都像一幅幅画，每一块都有一个故事。

一个蛋糕上面有一只用糖做的小青蛙和蘑菇，像一座小小的森林。另一个生日蛋糕上面坐着一个高兴的小孩，小孩旁边还插着很多夸奖的词。形状不同和颜色各异的蛋糕摆满了蛋糕店。有小羊形状的、嘴唇形状的，甚至还有鸡蛋形状和罐头形状的。每一款都很有创意。

那天是爸爸的生日，于是我们决定买一个蛋糕送给他。爸爸选择的一种有好多颜色的蛋糕。蛋糕上面的干水果、小饼干和各种别的什么东西摆成了很有趣的图案，有点像在艺术博物馆里展览的一幅抽象画。

妈妈小心翼翼地切开蛋糕，她不想把上面的图案弄坏。蛋糕香香的，甜甜的，我就喜欢这种口味。爸爸大口大口地吃着蛋糕，脸上浮现出满足的表情。

紫罗兰花糖和蛋糕有个共同之处，那就是：香甜的味道和好看的外形。甜味，我无法拒绝它，无论是在高兴时，还是在伤心时，都是最好的选择。好看的外形能吸引我，使我欣赏到它的美好。我觉得既好看又好吃的食物一定会是每个人的最爱吧。

我吃了一顿"皇家饭"

我一直都对皇家生活很感兴趣，特别是皇家饭。这有可能是因为我是一个在美国出生长大的孩子。没想到，今年夏天我在北京度假时居然"穿越了"，过了把瘾，吃了一顿"皇家饭"！

原来，妈妈找到了一个叫御仙都的皇家菜博物馆。因为我是一个"吃货"，对我来说，这就是一件非常有意思的事。于是，我邀请了我的忘年交朋友一起来吃喝玩乐一番。

御仙都比我们想象的还要高大上！

一进门，我就看到好多装扮成格格的服务员。她们穿着特殊的花盆鞋走来走去，稳稳当当，没有一个险些摔倒，怎么做到的？

宽大的大厅正中间摆着一个大大的，金灿灿的龙椅！妈妈让我坐上去，她"咔咔咔"的一下子拍了好几张照片。

坐在龙椅上的我，正好看到"格格"们都排成一排，慢慢地向门外走去。我马上跳起身来，和妈妈一起追出去……

"格格"们分站两侧。一个戴着大长指甲，穿着黄色长袍的女人和一个半低着头的"太监"，缓缓地走出来……原来她就是"皇太后"！两个"格格"手握着两把绣着龙凤的大扇子跟着，后面还有那群刚从厅里出来的"格格"。这场面很像电视里的古装剧。

这隆重的仪式正好迎接我的忘年交叔叔和阿姨！他们的年纪比妈妈大一点儿，以前是妈妈的同事。在美国我们只能用微信联系，只有来中国才能见到他们。

我们一起先从皇家博物馆看起。

博物馆里，有着好多皇家菜的模型。我看到了一小碗红烧牛肉、一小碗豆腐丝炒豌豆，还有一碗油亮亮的炒饭。它们都看起来很好吃！

博物馆里还有几个食物拼盘模型。我看到了冬瓜做的山、萝卜做的桥、生菜做的房子……食物就像一幅幅画。雕刻细致逼真，颜色搭配协调。

看来讲究吃的皇上不仅要吃得舒心，还要吃出门道。

刚走出博物馆，又一扇大门被"格格"们小心翼翼地拉开了，它就是餐厅？不，这不是一般的餐厅，是宴会厅！刚要迈步前行，突然从侧面看到了好多"格格"都挤进了电梯。古代和现代融合了！我们都觉得这场面只有在拍电影时才能看到。

继续向宴会厅走，五六行铺着白色桌布的长桌子上放着精致的沙拉和点心，最前面有一个大大的舞台。这地方不仅是餐厅，而且也是剧场，绝对别具一格。

舞台上的灯亮起来了！一群穿着古装的演员又唱又跳，长袖飘飘。与此同时，还穿插着介绍中国美食文化。我其实也没太听懂，反正就是介绍菜的制作过程、原料取材、从什么年代传承下来的云云。

我还是对"格格"们端上来的菜最感兴趣。

第一道菜来了！它是豆腐汤，热热的汤里飘着两个鱼丸和一个像菊花一样的东西。原来，这是豆腐！这种被切成细丝的豆腐特别吸味儿。

接下来好像换了八九次盘子，每次都由"格格"亲自上菜。精致的北京烤鸭、一小块羊肉、佛跳墙……最后以桂花蜜蜂酸牛奶为甜品。

吃完。本以为该离开宴会厅了，可"格格"们还邀请我们跳舞。太窘迫了，我不想跳耶！这时，我的忘年交朋友劝我："跳吧！这场面你在美国难找。"想想也是，豁出去了，跳！

离开御仙都时天已经很黑了。我们边走边聊，兴致盎然。夜色阑珊的北京城就像御仙都，是古代和现代的结合。我就爱她现在的样子！

赏 鸟

我从小就喜欢鸟。我喜欢它们五彩缤纷的羽毛、机灵的眼睛、长长的尾巴和在飞行时候的动作。我爱鸟，所以我又回到了这个美不胜收的鸟园 (Sylvan heights bird park)。

一年前我去过这个鸟公园，今天的它还跟以前一样。一进去就看到一个人工湖，里面有好多鸭子和火烈鸟。火烈鸟身姿挺拔，步态优雅，羽毛橙粉色的，真的很像燃烧的火焰。

接下来我们就去了我最喜欢的地方——小鹦鹉棚。棚子里面全都是各种颜色的小鹦鹉。好多都"坐"在棚子里的一棵大树上，像摆放在圣诞树上的装饰，我好像觉得圣诞节已经到了。有的小鹦鹉还在一个小人工瀑布里玩，羽毛湿漉漉的，真可爱！我的妈妈把小鹦鹉的食物棒拿出来，一只碧绿的小鹦鹉落在棒棒边吃起来。它越吃越香，最后跳到食物棒上继续吃！这只小鹦鹉刚开始紧张的表情让我觉得它有点害怕妈妈，但是它越来越勇敢，继续"埋头苦吃"。我觉得小鸟有点像小孩儿，如果我是小鸟，我也会这样做。

过了一会儿，小绿鹦鹉走了，一只勇敢的蓝鹦鹉跳上食物棒，用脚捉住食物棒，使劲用嘴啄着子儿吃。

我看着看着，突然感觉到头上有异样，原来一只小鹦鹉落在我的头上了！小鹦鹉尖尖的爪子让我感到有点疼，但是我还是很高兴。妈妈连忙拍了几张照片。

我们恋恋不舍地离开鹦鹉棚之后，在路上，突然发现了一只尾巴超长的鸟，它的长尾巴是黑色的，身体是黑白相间的，再加上鲜红的小嘴，像穿着燕尾服的"小孩"。可惜我不知道它叫什么名字。

一个下午很快就过去了，我们不得不跟小鸟说再见。我喜欢鸟，也喜欢这个地方。我盼望能跟小鸟们"重逢"的那一天！

寻根记

我的妈妈来自中国，爸爸来自美国。我有两个故乡。

妈妈出生并在北京长大，只是在很小的时候在南方的一座小城——嘉兴生活过一段时间。那是因为我的姥爷是嘉兴人，他一直到大学毕业后才来到北京。

我已经去过北京很多次了。这次回中国，我很想去那个鱼米之乡的小城看看。

姥爷跟我说：你老奶奶以前在一个叫人民路的地方开餐厅，它是在一条临河的桥头上。我听说人民路已经被拆了，连河都被填了，你不用去找了！

我有点失望，但还是想去嘉兴看看。

到了嘉兴的饭店，妈妈在网上查了一下人民路，找到一个，但是离城里很远。妈妈说："我怎么记得奶奶家在市中心呀！"

市中心有个叫月河的古街，我们想去找找试试。走在安静的靠河边的小路上，一排排白墙黛瓦的房子映入眼帘，妈妈兴奋地指着一座房子说："太像奶奶家的了！"

到了月河古街，林林总总的店铺都在卖各色江南小吃。河边柔软的柳枝摇摆着。妈妈仿佛又回到了从前……经妈妈这么一说，我顿时有了穿越的感觉。

我们开始向路人打听以前的人民路，几个人都摇头说不知道。

第一天以失败告终！

第二天一早，我们打车去别的地方玩。妈妈又在出租车上和司机聊，司机肯定回答，只有一条人民路在二十多公里以外，城里没有人民路。

晚上，我们拖着疲倦的身体往回走，觉得很失望烦躁，周围的蝉一直大声地叫，真讨厌！

又失败了，我们彻底放弃。

第三天，也是在嘉兴的最后一天。在去最后一个景点时，妈妈还是做出了努力，问了那位看上去年纪比较大的司机。谁知，他居然知道，并且还同意开车带我们去。

开了很短时间，我们来到了一个现代商业街。出租司机说："这就是以前人民路的位置！下水道就是以前人民路的那条河！"我们能看到的只是一些商店，比如小米手机店和沃尔玛。

出租司机还给我们介绍了一些没有拆的建筑，像古老的大桥和漂亮的教堂。

转来转去，突然发现我们又回到了月河古街，其实车一直都在这附近转。司机把车停在一石桥旁，说："桥的这边是月河，那边就是人民路附近的弄堂。"

我们在桥上拍了些照片。蝉声很响！"蝉噪林愈静，鸟鸣山更幽。"我现在觉得它们没有那么烦了。

回到北京，我迫不及待地给姥爷讲了我们这次的寻根经历，还给他看了许多照片。可惜，他什么都不记得了……

嘉兴给我留下了深刻印象。那老屋石桥小河……它好像是我的第三个故乡了。

一篇散文中写道"流水不在，桥还在。老屋不在，相思在。"

这么窄的楼梯怎么爬

绍兴是一个人杰地灵的城市。来到这里的人都去过鲁迅故居，我也不例外。可是，现在我想写关于一座位于府山公园里的塔——应天塔。

7月底，我和妈妈在高温下爬山到了应天塔。从塔底往上看，塔共有七层。我迫不及待地跑上楼梯……

我和妈妈到二层的时候，发现从二层到七层的楼梯都特别窄，而且越高越窄。楼梯是用木头做的，显得很不安全。但极具挑战性！我很快就爬上去了，从楼梯上面往下一看，只见妈妈真的在认真小心地爬……终于几分钟后，我在塔顶等到了满头大汗的妈妈。我和妈妈都觉得很有成就感。

从塔顶俯瞰，外面的风景很独特，一条蜿蜒曲折的河，河边是青砖黛瓦的民居，风景如画。

下楼对妈妈来说特艰难。她把她中长裙子的角提起来，塞在腰里，再一只手抓着扶手，小心翼翼地往下挪……

我很好奇，古代人怎么爬这么窄的楼梯呢？

古代人好像总是穿着长袍，我猜他们上下楼一定很不方便。而且，衣服又很宽大，如果人再胖些，应该就卡在那里了！

登山和登塔感觉很不一样。登山是为了看风景，而登塔是为了感受古人的脚步，用心去体会和想象他们当年的生活，有一种平日不能轻易感受到的穿越感。

应天塔是一个已经一千岁的老塔。它已经被修缮过三次了，可是我还是觉得它很结实！古代天文学家登这塔是为了观察星星。

"这样的塔很有可能随时关闭，因为它现在是国家级保护文物。"妈妈感慨地说。我顿时感到自己的幸运！不由得回头，仔仔细细地又看了它一遍。好沧桑的老塔呀！

再多想想，比赛就像登塔，越往上走越窄。得第一总是很难。但每一层都有每一层的风景，不一定有高低之分。

圆明园和荷花

妈妈一早就要带我去圆明园看荷花。我心里嘀咕：荷花和废墟在一起会是什么样子呀？

到那儿才知道，圆明园举办荷花节已经是第二十四届了。

满池荷花印入我的眼帘。它们无边无际，密密匝匝。每一朵荷花都干干净净。有的骄傲地抬着头，亭亭玉立，有的低着头，羞羞答答地保护着它的莲蓬宝宝。很多荷花花型饱满，而且形状各异。有的花瓣儿胖胖的，大大的，每一片都清晰可见，还有一点透明。有的花瓣细细的，小小的，但是很密，聚集在一起。大多数都是粉红色的，自然我也看到白色的、红色的、黄色的，甚至一朵紫色的！

没有荷叶的衬托，怎么能显出荷花的美呢？大大的荷叶伞连成一片，我好想摘取一把挡挡太阳。湖中还有大大的，好像托盘一样的，可以给一个几斤重的小孩当作小船玩儿。

现在我知道为什么中国人那么喜欢荷花了。记得一位古人说："接天莲叶无穷碧，映日荷花别样红。"

圆明园的残垣断壁也很有特点。有的地方是一堆依旧耸立着的大柱子，我还能看见柱子上雕刻的花和图案。有的地方是一片一片的瓦砾堆。还有一座亭子基本上完整地保留下来了。我觉得圆明园没有被烧掉的话，一定会很漂亮。现在的废墟让人觉得有些伤感。

我觉得荷花和废墟在一起很和谐。一个那么有生命力，另一个已经没有生命力了，有点伤心地待在那里。它们拥抱在一起，产生了另外一种美和新的生命力。

阿尔罕布拉宫掠影

我们全家刚从西班牙度假回来。在去过的五个城市中，每座城市都各有特色。我最喜欢的是格拉纳（Granada）。它是坐落在两座山中间的小城市，最著名的建筑叫阿尔罕布拉宫（Alhambra）。

这座建筑从远处看，像一座超大的城堡。有趣的是城堡的一小部分有点像长城的烽火台。从近处看，手工雕刻的精细图案随处可见。原来它的柱子和房顶都是用磨成粉的珍珠和大理石，然后混进泥土，再经过能工巧匠几百年的雕琢而成。

我原以为阿尔罕布拉宫是由好多小宫殿组成的，并且风格很相似。没想到宫殿只有几座，但是每座都很大。每一座都富丽堂皇，细节雕刻精美绝伦。无数的几何图形组成了无穷的图案，看得我流连忘返。

我喜欢花园，特别是有水的花园。花园没有水，就没有灵气。水，在这座花园里随处可见！有喷泉、小溪、人工湖、人工瀑布，还有顺着山势修建的输水渠！大小水池交叉相互喷水，我顺着水帘往深处看，竟然有一种穿越的感觉。灌木剪得很整齐，像兵马俑里的兵，还有点像迷宫。像我的脸一样大的玫瑰花左右成行。

花园也跟我想象的不一样。我以为它会是由好多小碎花儿组成，并且没有格局，只是铺天盖地的一大片。

一天匆匆地过去了，我们还意犹未尽。阿尔罕布拉宫代表了西班牙人民富于创造和精益求精的精神。

我眼中的西班牙，有历史古迹、街头艺人、漫山遍野的橄榄树，还有我有些熟悉的语言。虽然它的某些方面，我也不是很喜欢。但它还是实实在在地留在了我的心里。

第三部分 童话类

小云飘飘成长记

地上的人们喜欢仰望天空,欣赏云朵们自由自在行走的样子。它们看上去无忧无虑,心情舒畅。可谁又能知道呢,每一朵云都有着自己的想法和经历。

在一片广袤无际的土地上空,飘着一朵小小的云,它的名字就叫飘飘。它从小就弱小,老是长不大。再看看它身边的伙伴们,谁都比它大。伙伴们经常会嘲笑飘飘:"你看你,个子那么小,地上的人谁能注意到你呢?"飘飘刚想说话,呼的一股风把伙伴们吹走了,它们飘得很快,飘飘因为个头小,怎么也跟不上。

这种被嘲笑的事情不断发生,时间一长,飘飘就越来越嫉妒它的伙伴们了。它决定,为了变大,什么事情都可以做。它不仅不下雨,而且还不停地吸收地上的水。飘飘的朋友们都劝它不要这么做,可是小云飘飘才不管它们说什么呢。飘飘实在是太嫉妒它们了!

飘飘每天都拼命地吸收空气中的水。它很得意,每天都要欣赏它变大的身子,心里还想:我现在变成了最大的云,伙伴们谁都不能欺负我了!

渐渐的,地上的湖泊河流都干了。飘飘的伙伴们只能搬家了,人和动物们也都走了,很多植物都渴死了。那片土地变成了一片沙漠。可是飘飘只管欣赏它自己大大的身体,根本就没有注意到地上的变化。

又过了一段时间,飘飘忽然找不到可以吸收的水了,它的身体重新变得越来越小,越来越干扁。"咦!怎么回事?"它心里想:"我为什么变小了?怎么没有更多的水可以吸了呢?"

它这时才望向荒漠的土壤和干裂的大地……

它知道自己太自私了,惭愧不已的飘飘好想下雨!但是现在的它个子已经太小了,干瘪的身体挤不出一滴水,不能再下雨了。它正在想办法时，一阵风吹来，带着轻轻的它，慢慢地飞向远方……

不知过了多久，飘飘来到了一个新的地方。那里正在下雨，它于是就痛痛快快地喝了一通，身体舒服了很多，个头也大了一些。现在的飘飘已经知错了，它不再想变大。它想做好自己该做的事，不在意别人的看法。于是就决定按时下雨。

大地上的植物有了飘飘下的雨，变得草木茂盛，土地也变得肥沃了。住在这个地方的人和动物都高兴地过着快乐的生活。飘飘还交了许多新朋友，它还会把自己的故事讲给大家听。

也许地上的人们有一天在抬头望天时，会注意到飘飘，会注意到它变幻多端的美丽身影吧……

第三部分

童话类

小包子历险记

在一家生意兴隆的餐馆里，每天都上演着一些鲜为人知的故事……

我是一个小包子，出生在一个笼屉里。笼屉是用竹子做的，底部铺了一张有小洞的纸。我上下左右一打量，哟，正好看见两个小包子落到我的笼屉中。他们和我长得一模一样，我和那两个小包子很快就变成朋友了。正在我们聊得欢的时候，一个人抓起笼屉把我们放在一辆小车上。小车上还有好多点心呢！它们长得形状各异，有几个还带着好多小麻点。原来这是一家早茶店！我们不想被吃掉，于是，逃！我和包子朋友们跳出了笼屉，落到了桌子上。

咦！那两个包子朋友去哪里了呢？我找不到他们了！这时我看到了个皱皱巴巴的小东西，大概是传说中我的亲戚——烧麦。我着急地问他"你见过两个小包子吗？"烧麦不慌不忙地回答："没有，但是我来帮你找吧！"于是，我和小烧麦从一个碗跳到另一个碗，可还是没有找到我的朋友们。途中我交到了很多新朋友：凤爪，虾饺，面条、筷子和醋碗！

他们都说要帮我找我的包子朋友。我想跳下桌子，但面条和凤爪说"且慢"！凤爪抓住面条柔软的身体，在面条的一端系了一个圆圈形状的结，套在了我身上。朋友们抓住面条的另一端一起把我一点一点慢慢地放下去……

两个包子朋友被摔在地上躺着呢！凤爪又用面条做了一个回到桌子上的桥，一个接一个，我们安全地爬回到了小碗里。

正当我们想开个庆祝会时，又有事情发生了。

不好！一个小孩儿把我拿起来了，她要吃我！这时，阳光正好照在碗里的虾饺身上，她那晶莹剔透的皮一下子吸引住了小孩。小孩扑向虾饺，虾饺敏捷地跳到一边。小孩又来夹我了！筷子帮醋碗把醋倒到我的馅里。我太酸了，小孩闻了闻就跑开了。

现在我们都安全了！经过这次历险，我懂得了一个道理——团结起来力量大！在我的短短的包子一生中，我也要努力帮助我的朋友们，一起快乐地玩耍。

一笼一笼的包子出锅了，每个包子都有自己的故事。

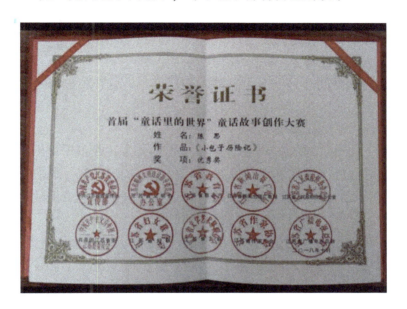

女孩和葫芦们

夕阳西斜，一切景物都笼罩在一片模糊的玫瑰色之中。一座漂亮的小房子被鲜花簇拥着，被小树林环抱着。缕缕钢琴声从房子里飘出来，好像是在为唱歌的鸟儿伴奏……

弹钢琴的人是一个12岁的混血女孩。女孩喜欢音乐，特别是中国民乐。在众多的民族乐器中，其中那外形小巧、声音清脆的葫芦丝是她的最爱。

一曲终了，她拿起了在钢琴上放着的一本已经很旧很旧的书，这书好像已经被翻过无数次，书页边儿都卷起来了。书的封面画着七个大眼睛的娃娃，这就是在中国家喻户晓的儿童童话故事《葫芦娃》。

女孩再次读起来，读着读着就趴在钢琴上，慢慢地进入了梦乡……

恍恍惚惚的，女孩感觉来到了一大片草坪。她放眼望去，远处有七座山，红、橙、黄、绿、青、蓝、紫。这奇观她可从来没见过。她忘记了一切，迫不及待地向前奔去……

跑到山脚下，往上一看，啊！每座山上都生长出不同颜色的葫芦，红山上的红葫芦像熟透了的西瓜瓤一样鲜艳，黄山上的黄葫芦像熟香蕉一样诱人……，它们好像很有生命力，郁郁葱葱的藤蔓覆盖了整整七座山。

女孩摸了摸一个离她最近的小红葫芦，又"顺藤摸葫芦"找到了一个更大些的。她的脑海里浮现出了葫芦丝的样子，不由得小声嘀咕了起来，"你们是葫芦娃变成的七座山吗？"

谁知，这个大葫芦竟然晃了晃，好像在和她说话。女孩惊讶极了，葫芦好像可以听懂她的话。她又急促地问："你能听懂我的话吗？"红葫芦又晃了一下，真的是在点头。

女孩很肯定，它就是红葫芦娃。

她小心翼翼地问红葫芦娃："你在这里感觉寂寞吗？"红葫芦摇了摇圆滚滚的身体，好像在说，寂寞呀，真寂寞。

女孩开始诉说起自己的生活……

很久以来，她一直有一个愿望——学习演奏葫芦丝，并且能有机会穿上中国少数民族的鲜艳服装。可在她的生活环境中没有人会吹葫芦丝，就连买到可心的葫芦丝也不容易。

女孩越说越伤心，眼泪一滴一滴地落到了红葫芦身上。突然，隐隐的，晶莹剔透的宝石般的光，亮了起来，还伴随着不小的震动……

女孩停止了哭泣，不由得眼睛越睁越大。她惊讶地看着葫芦，只见葫芦底部冒出了三支竹管，在顶部还长出了一个吹嘴。这是一把完美无缺的葫芦丝！葫芦丝从藤上掉下来，稳稳地落到了她的手里。

女孩从没见过这么光滑、这么轻巧的葫芦丝。她反复不停地抚摸着它，最后，迫不及待地吹了起来。神韵无穷的曲子被她一首首吹了出来，声音在空旷地草坪上显得更加嘹亮了。

这一定是葫芦娃在暗中牵引着她的手，使得她无师自通。

接下来，女孩把每座山上最大的葫芦都摘下来。每个葫芦只要一碰到她的手就会立刻发光，很快变成葫芦丝。就这样，七个葫芦组成了 C 调、D 调、E 调、F 调、G 调、A 调和 B 调的组合。女孩可以尽情演奏所有的曲子了。她吹了一首又一首，脸上浮现出了灿烂的笑容。

天色渐暗，她有些累了，不由得躺在草坪上睡着了……

不知过了多久，女孩慢慢地睁开了眼。四下张望了一会儿，发现钢琴上放着七支不同颜色的葫芦丝，它们在渐渐变暗的房间里发着淡淡的光。我是做了一场梦吗？她在心中问自己。

打那以后，葫芦丝和女孩如影随形。在学校只要有机会，女孩的同学们就请求她演奏中国民歌，这种独特的乐器一下子变得尽人皆知了。

几乎每天晚上，她都给葫芦丝们念《葫芦娃》的故事。女孩和葫芦们都不再孤单了！

最后的任务

夕阳像一个大蛋黄，慢慢地往下滑落着……

老车杰克的欢送会刚结束。二十岁的深蓝色轿车已经到了安享晚年的时候。

老车的主人是个美籍华人，他抚摸着杰克的肩膀，爱怜地说："你不用再工作了，在车库里休息吧。明天别的车会帮你运货。"

主人走后，杰克心想：这批货太重要了，我还是再运最后一次吧。

第二天早晨，杰克开启自动模式。他用自动手臂把货物放在后备箱里。摇摇晃晃地上路了……

街上没人没车，他这辈子从没见过这样的街景。

左前轮不停地发出响声，咔、咔……

他越走越慢……

路过纽约的时代广场，高楼上的大屏幕一闪一闪，上面写着"加油美国 stay strong"！

杰克的双眼泪光闪闪。

对面一辆粉色的车迎面而来。她关心地问："先生，您需要帮助吗？我这里有润滑油。"老杰克感激地点了点头。

涂过润滑油的车轮感觉好多了。杰克重新上路，全速前进。

终于，到了目的地——医院大门口。他用尽最后一点力气，打开了后备箱。

里面有五大箱口罩。箱子上写着：来自中国的爱。

吱吱城童话故事系列 1
《吱吱吱牙医诊所》

在一个著名的艺术博物馆下面，有一座老鼠住的城市——吱吱城。这座对老鼠来说巨大的地下城市里发生了很多趣事，我们来跟着老鼠——鼠小米一起来看看她的世界吧！

鼠小米是一只个子很小的女孩老鼠。圆圆的身体、长长的尾巴、亮亮的黑眼睛和棕黄色的皮毛，的确很像一粒小米。她和她的妈妈爸爸快乐地生活在一起。

吱吱吱牙医诊所

某天早晨，在鼠小米的家里……

"我不喜欢我的牙，太整齐了！别的老鼠那种又长又往外凸出的牙多好看呀！我可以去吱吱吱牙医诊所整牙吗？"鼠小米阴沉着脸，悻悻地说。

"我也觉得你应该整牙。听说人类就喜欢你那种整齐牙，太不能理解了。老鼠的龅牙多好看呀！"鼠妈妈困惑地说。

鼠爸爸正在餐桌上吃奥利奥饼干，她看了看鼠小米和鼠妈妈，点了点头，果断地说："走！去牙医诊所！"

老鼠一家在地下通道里走着，虽然吱吱城在地下，但是一点也不黑暗。一排一排的电灯把大街照得灯火通明，老鼠建筑师们也留了一些通往地面的出口，自然光从孔洞那里照进吱吱城。

路边贴着一个大广告牌，上面有一张人类的脸。

"那是谁呀？"鼠小米问。

"她是我们今年的老鼠代言人——陈思。她是唯一一个喜欢我们老鼠的人类。"鼠妈妈敬佩地说。鼠小米向陈思招招手……

转过街角，就到了一扇圆门。门口上面挂着一个牌子——吱吱吱牙医诊所。鼠小米害怕又兴奋地走进了门。

诊所的墙上贴着一个牌子，上面有两张照片。左边的照片上显示着整整齐齐的牙，下面写着："整牙前"。右边的照片显示着又长又往外凸出的牙，下面写着："整牙后"。

一只热情的老鼠护士接待了鼠小米一家。老鼠护士笑着说："你的牙很快就会变好看的！"她带着鼠小米到了治疗室，再给鼠小米的牙照了个相，就匆匆地离开了。

一只带着白色小帽子的老鼠来了，她就是老鼠牙医。她让鼠小米喝一小杯水，然后，用很小很亮的灯照在她的牙上。鼠牙医还把小小的电视打开，让鼠小米看"老鼠历险记"，里面播放的是老鼠跟猫的故事。鼠牙医熟练地拿出一些新奇的工具，开始用工具慢慢地把鼠小米的门牙往外推。鼠小米虽然在看她最喜欢的电视，可是还是感到忐忑不安。

过了大概三十分钟，鼠牙医就把两个坚硬的牙套套在鼠小米的门牙上。鼠小米从镜子里看了看她的牙，真的往外凸出了！可惜还是不够长。

"老鼠的牙会自然长长的，不用担心！"鼠牙医耐心地解释道。

鼠小米一家满怀期待地离开了诊所。

过了几个月，鼠小米又来到了牙医诊所。鼠牙医很快就把她的牙套拔出来。鼠小米照了照镜子，张嘴一笑，难以置信！她激动地喊："爸爸妈妈，看看我漂亮的大门牙！"

从那以后，鼠小米见到谁都面带微笑。老鼠们都夸鼠小米的牙好看，鼠小米感到很幸福。

第三部分

童话类

吱吱城童话系列故事2
《吱吱城进入紧急状态》

阳光语思

——

陈思文集

136

一天早晨，鼠小米一家像平时一样，满心欢喜地奔出了家门。他们要去人类世界找一些好吃的和好玩的。

鼠小米一家来到了通往人类世界的大门。门口站着一只胖保安鼠，门上还上了把锁。胖保安指了指门上贴着的一张公告，鼠小米一看，上面写着："人类社会疫情凶猛，老鼠社会快快避开。"

原来是这样，鼠小米一家沮丧地回到了家。

过了差不多一个星期，鼠小米家都快没有吃的东西了，找到新的食物来源已经迫在眉睫。正在这时，老鼠协会的新消息发布了。

老鼠协会号召每家每户开始在 LED 灯下种菜！老鼠协会还提供各种水果蔬菜种子、花盆、土和 LED 灯。鼠小米从来没有种过菜，因为平时都是从鼠商店买菜，当然了，有时也从人类社会那里拿点新鲜的尝尝。

鼠妈妈反应最快，一下子就把需要的东西准备好了。鼠妈妈把土放在花盆里，然后让鼠小米把生菜籽放进土里。鼠爸爸用小小的老鼠图案水壶给种子浇水。一切就绪，鼠妈妈把花盆挂在墙上，再把 LED 灯挂在上面并打开开关。鼠小米看到隔壁家也正忙着……

鼠小米好奇地问："种菜需要太阳，吱吱城没有太阳光，这些菜能长出来吗？"

鼠爸爸满怀信心地答："LED 灯就是太阳，很快我们就可以吃到新鲜的菜了！"

鼠妈妈又开始忙着种玫瑰籽，再用同样的方法把它们挂起来。最终，鼠小米也学会了，她帮助妈妈种下更多水果蔬菜。鼠一家虽然忙碌，但也很快乐。笑声也从邻居们的家传出来，回荡在吱吱城的大街上……

过了两个星期，吱吱城变了。每家门前都挂着各种五颜六色的菜和花，浓郁的菜香和花香弥漫在大街小巷。有的家庭还把花盆挂在门上、窗户上，甚至路灯下。鼠爸爸若有所思地说："吱吱城的路灯都是 LED 的，没想到现在还有这个功能！"

鼠小米一家会每天吃新鲜的水果蔬菜，餐桌上会摆放自己做的插花。绿油油的生菜，红彤彤的西红柿，不知比商店里的要新鲜多少倍。

没有肉也是不行的。为了找到替代品，一家老鼠公司还做了素肉，味道跟真的肉一样。

另外一家公司还开始做面包，这样老鼠们就不用再去人类世界拿面包渣了。鼠小米比以前吃得丰盛多了，甚至还开始讲究营养均衡呢！

鼠小米望向窗外，吱吱城美丽无比！但同时心里也还是有些惦记着人类，不知他们现在怎么样了……

吱吱城童话系列故事3
《吱吱牌口罩》

早晨，吱吱城安安静静，没有一点声响。鼠小米从床上跳起来，蹑手蹑脚地走下楼梯，匆匆忙忙地跑出了门。

鼠小米听说人类有疫情，就总是有一点担心他们。虽然人类对老鼠不太好，可是鼠小米有一颗善良的心，她想帮助人类。

鼠小米钻进了一个很小的老鼠洞。洞里有蓝色的墙，太极阴阳图挂在墙上。一只很老很老的，穿着大袍子的老鼠站在屋子中间，他好像知道鼠小米要来。鼠小米走到这只老鼠面前，鞠了一躬，马上着急地问："人类现在有疫情，我很担心他们。您知道疫情什么时候会过去吗？"

穿着袍子的老鼠是吱吱城著名的算命鼠，他能看到未来的事。他寻思良久，又看了看鼠小米的小爪子，肯定地回答："很快就会好起来的。你想想我们老鼠应不应该做点什么呀？"

鼠小米笑得尾巴都翘起来了，心想：只要能帮上忙，干什么都行。她蹦蹦跳跳地走出了算命鼠的洞。

过了半天，吱吱城的老鼠协会发出了通知：每一家老鼠都要帮助人类，大家一起做口罩，并且还要认真消毒口罩。然后把它们放在盒子里运到地面。只是不能让人类发现是老鼠们在帮他们。

鼠小米一听到这个消息就高兴得乐不可支。她拿出平时积攒的花色各异的布，用剪刀把它们剪成口罩的形状。由于人类的嘴很大，口罩就需要超大号。鼠小米需要绕着布块一边跑一边剪，做了几个后就满头大汗了。鼠妈妈和鼠爸爸也都在埋头认真做口罩。没多久，鼠小米家客厅里就堆满了很多口罩。

鼠小米开始检查口罩质量。发现有一个口罩太大了，不能用。她把这个口罩拿出来，琢磨了一下，有了！这个口罩可以做她的秋千！鼠小米家后院种着两盆盆景，她把口罩系在盆景的两个树杈中间，坐在口罩上摇呀摇，笑容渐渐浮现在脸上……

最重要的一步到了——消毒。鼠小米拿出三大瓶消毒液，她跟妈妈爸爸一起把消毒液喷在口罩上，消毒液的刺鼻味道弥漫开来，一家鼠都马上迅速跑到屋外……

一切就绪，鼠一家把口罩放在一个写着"吱吱牌口罩"的大盒子里，推着盒子走到通向人类世界的门。那里有好多老鼠协会的老鼠，他们仔细检查了每个口罩，然后在盒子上写了"已消毒"三个字。一箱一箱的口罩在晚上运到了人类世界。

这个晚上鼠小米睡得特别香，她在梦里又见到了疫情以前的人类世界。

吱吱城童话系列故事4
《夜游狂花城》

过了一个月，吱吱城的老鼠协会传出了一个很让人振奋的消息——疫情过去了。已经关闭了很久的，通往人类世界的大门终于又打开了。

鼠小米一听到这个消息，就高兴得耳朵都动了起来。她已经很长时间没有去人类世界了，现在终于可以再去逛逛了。

鼠小米决定晚上去她最喜欢的地方——狂花城购物中心。那里有很多吱吱城买不到的东西。

终于等到了晚上。鼠小米悄悄地从床上下来，用小爪子抓起了一个小小的双肩包，背在了肩上，里面装着两枚硬币。她小心翼翼地把家门打开，窜到了街上，街上一辆车都没有，四周一片寂静。鼠小米只能听到自己的脚步声。

月光从通向人类世界的大门口照下来，一切事物都看得清清楚楚。鼠小米兴奋地踏进了人类世界，深深地吸了口气。

鼠小米望了望天上的大月亮，她已经很长时间都没有见过月亮了，因为吱吱城在地下用的是 LED 灯。紧接着，鼠小米顺着墙根，一路小跑……

终于，狂花城到了。她低下身子，一使劲便从门缝儿里钻了进去。

狂花城里面，灯光昏暗。可是对鼠小米来说，这不是个问题，因为她的视力很好。一家家锁着门的店铺里全都堆满了商品。

鼠小米沿着墙角继续向前走着……

她来到了一家点心店。看见柜台里还剩下一个甜甜圈。于是，从门缝钻进去。鼠小米爬到柜台上，再用头把柜台的门顶开，拿起甜甜圈，吃起来……

鼠小米已经很长时间没有吃过这种甜甜圈了。吱吱城现在提倡吃健康食品，已经不卖这种垃圾食品了。鼠小米吃完甜甜圈，擦了擦嘴，便从双肩包里掏出一个硬币，放在甜甜圈以前的位置上，心满意足地离开了。

转弯处，那个熟悉的头饰品店还在。鼠小米就喜欢戴各种各样的头花。同样，她还是从门缝儿钻进去。再顺着桌子腿爬上桌子。她把每一个头花都放在头上试了试，最后选了一个比较小的，甜甜圈形状的。在包里摸索了一阵子，把最后一枚硬币放在了桌子上。

鼠小米戴着头花，美滋滋地踏上了回家的路。她正要出门的时候，一个全身黑衣的人偷偷摸摸地进了狂花城。他往珠宝店走去。

鼠小米觉得这个人不对劲，于是悄悄地跟上去。那个人不知用什么方法打开了门，在店里东张西望，还把柜台里的商品仔细地看了一遍。最后，戴上黑手套，准备拿走一个很大很大的宝石。

鼠小米在墙角看着，一下子就紧张起来了。这个人一定是个小偷！她的亮眼睛在店里看来看去，终于在墙上很高的地方看到了报警器。她既稳又快，蹭蹭两下子，爬到了离报警器不远的地方。使劲地跳起来，用头撞了一下按钮，按钮立刻发出了很响的声音。小偷吓了一跳，赶快把刚拿出来的大宝石放回去，撒腿就跑。外面赶来的警察冲进了狂花城。他们很快就把那个小偷抓住了。鼠小米赶快摸了一下头花，好，还在头上！

鼠小米也赶紧往家跑，小心脏还狂跳不止呢。

终于回到了家。天边已经发亮。她感到很骄傲！一只小鼠，居然还可以帮助人类抓小偷。她迫不及待地想把晚上的历险告诉爸妈。

吱吱城童话系列故事5
《神奇的瓢虫》

到周末了。鼠小米和鼠爸爸带着鼠小米的朋友——鼠小帅一起去吱吱城动物园里玩。动物园里，一个个宽敞的小笼子里装着大小不同，颜色各异的小昆虫。吱吱城动物园里只有昆虫，因为小小的老鼠只能捉到比它们更小的昆虫。

鼠小米和鼠小帅从这个笼子走到那个笼子，每次看到没见过的昆虫，眼睛就睁得大大的，还会发出赞叹的声音。鼠小米看到了一个圆圆的，红色的小瓢虫。它坚硬的外壳下面藏着一双晶莹剔透的翅膀。她喊鼠小帅："鼠小帅，你看这个瓢虫，样子真可爱！"

鼠小帅耳朵一晃一晃地跑过来了。他往笼子里瞧了瞧，对鼠小米说："那只瓢虫去哪了？"鼠小米奇怪地说："它一定藏起来了，我们一起找吧！"

鼠小米和鼠小帅找了很长时间，终于找到瓢虫了。瓢虫藏在一个红色中加白色的杯子里。

鼠爸爸看到鼠小米和鼠小帅都围着这个笼子，就走过来了。他看了看杯子，再看了看瓢虫，说到："这杯子不是我们吱吱城球队旗子的颜色吗？"他随手从外衣口袋里拿出了一面吱吱城球队的小旗子。旗子是半红半白的，上面还画着一只老鼠。鼠小米和鼠小帅都知道鼠爸爸是一个球迷。鼠爸爸又看了看那个杯子，说："吱吱城球队很快又要比赛了，我们就用这只瓢虫来预测一下输赢吧！"鼠爸爸把手伸到笼子里，用手指把瓢虫夹了出来。

鼠小米不解地望着鼠爸爸。鼠爸爸拿来了两个装着同样食物的杯子。一个杯子上画着吱吱城球队的旗子，另一个杯子上画着另外球队的蓝色旗子。他把瓢虫放在两个杯子中间。如果瓢虫爬进画着吱吱城球队旗子的杯子里，吱吱城球队就会赢得这场球赛。

小瓢虫看了看那两个杯子，然后不慌不忙地爬进了画着吱吱城球队旗子的杯子里。鼠小帅说："这只瓢虫看来也喜欢我们球队。"鼠爸爸回答："吱吱城球队一定能赢得这场比赛！"

两天后，吱吱城球队果然赢了。鼠爸爸告诉大家那只瓢虫给球队带来了好运。

吱吱城球队两个星期后又要比赛了。鼠爸爸就带着很多跟他一样的球迷老鼠去看这只瓢虫。鼠爸爸又用一样的方法让瓢虫预测输赢，这次对方的旗子是黄色的。瓢虫又选择了吱吱城球队。

不出所料，吱吱城球队又赢了。那只神奇的瓢虫变成了吱吱城球队的福星。

紧接着，吱吱城球队的第三次比赛快到了。鼠爸爸想让鼠世界知道他有一只神奇的瓢虫，于是开了鼠记者招待会，瓢虫上电视了。鼠爸爸把瓢虫放在两个杯子中间。这次，对方的旗子是红色的。瓢虫又看了看这两个杯子，然后竟然爬进了对方球队的杯子里了！围观的老鼠都很惊讶。鼠爸爸的脸拉得很长，很长。

鼠小米和鼠小帅也在观众里。鼠小帅悄悄问："瓢虫为什么没有爬进我们球队的杯子里呢？"鼠小米想了想，回答："我知道了，瓢虫喜欢红色。吱吱城球队的棋子是半红半白的，以前对方的棋子都没有红色。但是现在对方球队的旗子整个都是红色的。"

同时，鼠爸爸正愤怒地看着瓢虫。他咬着鼠牙说："如果吱吱城球队输了，我就把这只瓢虫放进人类世界！"瓢虫从小就在动物园住着，在人类世界很难生存。

吱吱城球队最后还是输了。鼠爸爸开始捉瓢虫，但是瓢虫不见了。

鼠小米把它藏在她的背包里了。等鼠爸爸走了以后，鼠小米就把瓢虫放回安全的动物园。在动物园里，瓢虫就不需要预测输赢了。

吱吱城童话系列故事6
《鼠小米万圣节出游》

鼠小米盼望了一年的万圣节终于到了。她决定和好朋友鼠小帅一起去吱吱城附近的另外一个小镇去玩。

这个小镇里的老鼠都说西班牙文，鼠小米和鼠小帅也想趁此机会练习一下口语。只是听传说，这小镇的气氛在晚上有点诡异。

在火车站的书店里，鼠小米买了一本关于这个小镇的书。然后，它们怀着兴奋的心情跳上了去西班牙小镇的火车。火车一开动，它们俩就开始翻看这本新书。

内容大概是这样的：最近这一年，一个叫幽罗娜的女鬼会在晚上的时候出现，到了白天就会消失。小镇里的老鼠们有时会在夜里听到可怕的哭声，但是没有一只老鼠见到过幽罗娜。

傍晚时分，鼠小米和鼠小帅到站了。这个小镇的确跟吱吱城很不一样。天还不那么黑，但是街灯都亮了，仿佛大家都很害怕黑暗似的。

鼠小米和鼠小帅拿着南瓜图案的小筐，准备开始要糖。鼠小米和鼠小帅从这家门口跑到哪家门口，不一会他们就迷失了方向。

走着走着，鼠小帅突然转过头，吓了旁边的鼠小米一跳。鼠小帅四处看了看，说："刚才好像感觉到了一股凉风。"鼠小米惊恐地动了动耳朵，说："难道有鬼？"鼠小帅鼓起勇气，挺挺胸说："别怕！"

四周越来越暗，房子也越来越少。鼠小米和鼠小帅不知不觉地走进了一个森林，远处还传来溪水的声音。突然，一阵可怕的哭声从树丛里传来，还有隐约的声音，"我的孩子们…… 我的孩子们……"

鼠小米动着耳朵，说："你听见了吗？会不会是传说中的那个西班牙女鬼幽罗娜？"

鼠小帅肯定地说："那只是传说，不是真的。我们穿过这一片树林就没事了！"

小鼠们小心翼翼地在树林里走。那个声音回荡在树林里："我的孩子们，我的孩子们呀……"

很快，一条小溪出现在鼠小米和鼠小帅面前。从小溪另一旁的灌木里，飘出了一只半透明的，穿着白纱裙子，戴着白轻纱面罩的女鼠。她看到鼠小米和鼠小帅后就轻轻地飘过了小溪，来到了它们跟前，哭着说："我的孩子们……"

鼠小米尖叫到："幽罗娜，真的是她，快跑呀！"鼠小米和鼠小帅撒腿就跑，女鬼飘飘地追了上来……

女鬼哭着说："孩子们，你们不要怕……我叫幽罗娜。"她的眼里充满了泪水，"我是来给你们糖的。"果真，她半透明的手上拿着一颗糖。

鼠小米和鼠小帅停住了脚步，互相看了看。鼠小米悄悄地说："她好像没有那么坏呀。"然后，她就慢慢地走到了幽罗娜面前。幽罗娜把那颗糖塞到鼠小米颤抖的手上，笑了笑，凄惨地说："孩子们真可爱。"

鼠小帅也跟过来了，他问幽罗娜："你为什么总是叫'我的孩子们'呀？"幽罗娜擦了擦眼泪，回答："我在寻找我的孩子。他们在这条河溺水而亡，到现在都找不到尸体。你们就像我的孩子一样大，也一样可爱。"幽罗娜露出一个灿烂的笑容，一阵风吹过，她的身影飘忽了一下。

鼠小米安慰幽罗娜："你别难过，他们去了天堂，你应该在那里和他们团聚。安心地走吧！"鼠小帅也补充说："这样这个小镇也可以恢复往日的平静了。"

幽罗娜用手轻抚了两下两只小鼠的头，身体轻轻地飘了起来，在空中给了个飞吻就缓缓地消失了。

两只小鼠拥抱在一起，手拉手摸索着找到了回小镇的路。

黑蓝黑蓝的老鼠洞上空，像星星一样的路灯一闪一闪的。鼠小米和鼠小帅拎着小筐，鼠小米紧紧地握着幽罗娜给的那块糖。

终于，他们坐上了返家的火车。

几个月以后，鼠小米的妈妈告诉鼠小米和鼠小帅，那个西班牙小镇的人们在晚上再也听不到奇怪的声音了。

鼠小米一直舍不得把那块糖吃掉，有时她还有点思念幽罗娜呢。

吱吱城童话系列故事7
《老鼠代言人巧遇鼠小米》

傍晚的吱吱城显得格外热闹，每一只老鼠的家门前都挂着红彤彤的灯笼。春节了，鼠小米一家逛了庙会刚回到家。

鼠小米的爸爸坐在沙发上，翻开了今天的报纸。好奇的鼠小米凑了过来，看了看报纸上的大标题《人类疫情严重，春节活动已经全部取消》。鼠小米的心重重地沉下去，内疚的情绪涌了上来。人类在 2020 年过得太惨了，会不会是老鼠家族给人类带来了坏运气呢？鼠小米决定去人类世界看一看。

鼠城的城门没上锁，她一推开门就跳到了人类世界。

街道上一个人都没有，商店也都关门了，一切都那么空空荡荡的。安静的反常！鼠小米爬到路边的一块大石头上，一屁股坐到上面，翘着 S 型的尾巴，抖动着两只小耳朵，呆呆地看着月亮。

不知过了多久，好像远处传来了窸窸窣窣的声音，并且由远到近，再定睛一看，哇！是她——老鼠代言人——陈思。

鼠小米刚想冲过去给她一个大大的拥抱，但马上想到了人类现在提倡社交距离，于是就大声喊："陈思，你还好吗？"

陈思微笑着说："小鼠，你怎么在这儿呢？" 紧接着，她也坐在离鼠小米两米远的地方。

鼠小米用几乎听不见的声音呢喃地说："鼠年的运气太不好了，一定是我们老鼠的错。你还帮助了我们代言，还说了那么多老鼠的好话，真对不起。现在我也知道人类为什么不喜欢我们了。"

陈思果断地回答："鼠年运气不好又不是老鼠们的错。你们不能没有自信！更不要搞迷信。我从没有后悔过为你们代言。"

眼泪开始在鼠小米亮晶晶的黑眼睛里打转。她感激地说："我们老鼠可不想变成代表不幸的动物。"

"如果古人从来没有使用十二生肖，哪里还会有幸运和不幸运的动物呀。你需要用时间来证明自己。"陈思安慰道。

鼠小米的泪水终于还是落下来了，抽抽搭搭地说："你为老鼠们代言，我想代表老鼠家族说一声对不起！"

陈思开心一笑，轻松地说："不用担心，说不定过了十二年，鼠年就会是很幸运的一年。我还会继续给你们代言的。""再说了，我已经跟牛们说好了，他们说一定会试着让我们的日子变好，就让它们来'牛'转乾坤吧！"

鼠小米的眼神变得坚定起来，"人类的疫情一定会好起来的！"她攥着小拳头说。

陈思劝鼠小米赶快回家，怕她的爸爸妈妈担心。鼠小米也只好恋恋不舍地走了，一步一回头……

街道上依然是空空荡荡的，但鼠小米不像以前那样难过了，因为她相信，人类的疫情是会结束的。到时候，鼠小米就又可以来到热热闹闹的人类世界玩了。

吱吱城童话系列故事8
《鼠小米巧遇钙钙》

一个阳光明媚的早晨，鼠小米正在她的菜园子里认认真真地给生菜浇水。浇着浇着，她看到生菜叶子下面有一个软绵绵的、黏黏的小虫子。这个小虫子头上竟然冒出了两个触角，这对触角动了动，突然说话了："你好呀，我叫钙钙，是个蜗牛！"

鼠小米惊讶地问："你是蜗牛？你没有壳呀！"钙钙连忙解释道，"大多数蜗牛为了长出蜗牛壳，都会分泌出大量的钙。但我从小就不能分泌这种钙，所以一直没有壳。这就是为什么妈妈叫我钙钙。在这个世界生存，对一只没有壳的蜗牛来说是很危险的。"

鼠小米担心地说："我有什么可以帮你的吗？"钙钙想了想，回答说："一只死了的蜗牛会留下一个空壳，出生至今，我一直在寻找适合我的壳。如果你看到空的蜗牛壳，可以拿来让我看看吗？"善良的鼠小米立刻毫不犹豫地答应了。

钙钙决定在找到合适的壳之前，暂且先住在鼠小米的菜园子里。鼠小米的菜园子很安全，不会有鸟和萤火虫之类的天敌想吃它。

很快，鼠小米就找到了一个蜗牛壳。蜗牛壳的样子很好看，但是实在太小了。钙钙不管怎么挤都挤不进去。

鼠小米又在不远处找到了一个大一点的壳，可太沉了，钙钙不能拖着它往前爬。

这么一折腾，钙钙的皮肤开始干燥，黏黏的保护膜出现了几处裂痕。鼠小米马上把水浇到它身上，又用生菜叶给它搭建了一个小房子。

一个月过去了，鼠小米找到了许多大小不一的壳，但没有一

第三部分 童话类

149

个壳适合钙钙。鼠小米遗憾地对钙钙说："真是对不起，没有找到你想要的壳。"钙钙却笑了起来，快活地回答："我发现没有壳也可以快乐的生活。我在你的菜园里很开心，每天都可以看到鲜嫩欲滴的西红柿、顶花带刺的黄瓜和各种蔬菜，也可以闻到新鲜蔬菜的清香。可以让我在这里住下吗？""没问题！"鼠小米很为小蜗牛和自己高兴。

从那时起，鼠小米在花园里有了一个可以聊天说话的朋友。钙钙也在不同的叶子下爬来爬去，过着蜗牛的正常生活。

鼠小米悟出一个道理，每一个动物都有自己的生活方式，不一样也不能说明不好或不幸福。

吱吱城童话系列故事9
《天鹅的烦恼》

晚秋，吱吱城附近。鼠小米悠闲地散着步，红色的枫叶在她脚下发出沙沙的响声。

走着走着，鼠小米发现远处有一座非常宏伟的建筑。她精神一振，加快脚步向前奔去……

原来，这是一座高高耸立的城堡。城堡的墙壁是用椭圆形的灰色石头建成的。城堡的最上方飘着一面红色的旗子。蜿蜒曲折的护城河围着城堡，一座石拱桥搭在护城河上。城堡的大门前站着两位威武的士兵。

鼠小米从来没有见过这么大的城堡。与之相反的吱吱城，老鼠们通常都不会建这么高大的建筑。这是为了防止让人类找到它们的家。

鼠小米沿着桥边小心翼翼地走了过去。她发现城堡后面有一个大花园。花园里，修剪成各种形状的灌木像一个个小士兵，大片的草坪在阳光的照耀下更显青翠欲滴。远处，一个穿着白裙子的公主正在玫瑰丛中拉着小提琴。一切都显得那么风雅，这和吱吱城的热闹喧哗截然不同。

鼠小米正听着公主的小提琴声，忽听到了一个清脆的声音在跟她打招呼："你好呀！"

转头一看，原来是一只天鹅！天鹅雪白的羽毛泛着光，长长的脖子弯成了半心形，黑色的眼睛好奇地打量着鼠小米。

天鹅疑惑地问，"一只老鼠来这里干什么呀？这个城堡里住着很多人类，多危险呀！"

鼠小米动了动耳朵，回答："我从来没见过这么美的城堡，所以过来参观一下！这是你的家吗？"天鹅有点惆怅地说，"应该算是吧。"

鼠小米继续观察着天鹅。天鹅的样子让她想起自己小时，鼠妈妈给她念的童话故事《丑小鸭》。"天鹅，你看过《丑小鸭》这个故事吗？我觉得里面的主角像你一样美丽！而且它好像就出生在这里。"鼠小米想了半天才说。

天鹅露出了惊讶的表情，答："老鼠们也知道这本书了吗？其实，我就是里面的主角。"

"哇！难怪你住在这么华丽的城堡里。"鼠小米惊呆了。

"其实，我不太想住在这里。"天鹅的眼睛里流露出了无奈与寂寥。

"为什么呢？"鼠小米的黑眼睛里闪着好奇的光。

"我本以为，变成天鹅以后，我会交到很多朋友。但没想到，因为我太有名，天鹅们反而不敢跟我说话了。我每天都非常孤独。我于是就想，如果天鹅们不想做我的朋友，那我会不会在人类世界更受欢迎呢？毕竟，安徒生还写了关于我的故事呢。所以，我就来到了这里。人类觉得我非常漂亮，每天会给我吃的东西。这样的生活虽然恬淡无事，但也会无聊。真是没办法！"天鹅一口气把她的故事都告诉了鼠小米后，便长长地出了一口气。

鼠小米也觉得这件事非常难办。她晃了晃尾巴，说："原来是这样！你的生活跟我们太不一样了。人类都不喜欢老鼠，所以我们需要在地下住着。每天虽然都是新的冒险，但是我们也就不会感到无聊了。"

天鹅苦笑道："我真希望自己不那么有名。"

听到天鹅这句话，鼠小米脑子里的小齿轮转了起来。冰雪聪明的她突然有了个主意："我知道了！如果你不告诉别人你是《丑小鸭》里的天鹅，别的天鹅就不会畏惧你的名声，认为你是高不可攀的，你就可以交到很多新朋友了。"

天鹅的眼睛瞬间亮了起来。"这个主意太好了！但是，我应该去哪里开始我的新生活呢？"

鼠小米从她随身背着的小书包里掏出了手机,迅速地划了划。不一会儿，她就指着手机屏幕，兴奋地说："你去天鹅湖吧！那里好像是许多天鹅的聚集地，有点像老鼠们的吱吱城。你一定能在天鹅湖找到新朋友的！"她随手把手机屏幕转向天鹅。

天鹅仔细看了看鼠小米手机上的地图，回答："我现在就去。谢谢你，小老鼠！如果那边一切都好，我一定会回来接你过去住几天，让你看看美丽的天鹅湖和我的新生活。"

天鹅在碧绿如镜的水面上划出了一颗心形，展开翅膀腾空而起，带着对新生活的向往冲上了蓝天。

鼠小米不停地挥舞着短短的手臂，心中默默祝福着天鹅。她真心希望天鹅以后会过上隐姓埋名的好日子。

吱吱城童话系列故事10
《新开张的面包店》

文章灵感来源于一群瑞典大学生制作的面点。
2021 年 12 月底拍摄于瑞典马尔默

一个大雪纷飞的早晨
鼠小米背着包出发了
今天是喜庆的一天
新面包店开张了

鹅毛大小的雪花

飘落到了鼠小米的身上
她拽了拽蓝色的披肩
拉低头上的红帽子
一家人类咖啡厅的墙边
闪烁着温柔的光点
新开张的老鼠面包店
就在几块砖头之间

挤进面包店
眼前一室明亮，一屋香味
带着白色帽子的老鼠员工忙碌着
揉面团，擀面皮，捏造型
强壮鼠托举着盛满面包的大托盘
急匆匆地跑上楼
忙不迭地把面包放进烤箱

一只有着憨厚笑容的老鼠
热情地跟鼠小米打招呼
他非常自豪地
介绍着各种面包的特点和味道

法棍直直地立在篮子里
黄澄澄的藏红花面包摞在一起
小小的黑森林蛋糕上
那一颗樱桃格外抢眼

在这温馨的面包店里
鼠小米的心化了，身体放松了

但，突然，门上的一个牌子
"各位老鼠们小心，附近有猫"

唉！老鼠们的生活就是这样
危机四伏

鼠小米重新打起精神
拿着刚买的一袋热腾腾的面包
重新走回冷风呼啸的街上

生活变化无常
鼠小米思忖
当下享受美味面包最重要

第四部分 诗歌类

瑞典的冬天

灰蓝天空,太阳懒懒地挂在天边
湖面上浮着鸭子、天鹅和船
即使不下雪,也能看到雪的痕迹
在路边,在房角,还冻结在
公交车站的玻璃窗上
教堂的屋顶骄傲地耸立着
宏伟的古老建筑
现代化主题的地铁站
远处飘来隐约的手风琴声
凛冽冷风夹杂着室外餐厅的篝火暖气
毛毯挂在食客的椅子上
随处可买的圣诞热红酒和热巧克力
穿着厚羽绒服的行人边走边吃藏红花面包
圣诞彩灯街灯一直亮着
瑞典冬天的长夜
讲不完的故事

孙悟空中餐厅

希腊大哥卖中餐,
响亮名字招人看。
大胆创意赛味道,
创新精神值得赞。

丹麦的煎饼

丹麦街头遇煎饼，
意外惊喜真高兴。
薄脆不脆酱很辣，
想念北京泪盈盈。

姜饼屋

不是冬天
没有雪
我却见到了姜饼屋

颜色鲜艳的小屋一座座
门窗图案精致
院落整洁漂亮
姜饼小人在屋里吧
是谁闯进了我的记忆
偷走了姜饼屋的图纸
让我在这里又找到了它

蜥蜴呓语

一天，小蜥蜴趴着窗台上。我感觉它在说话……

你好呀，
孤独的你，
寂寞的你，
我来看你了。

出来看看吧，
我在这里等你……

疫情没有影响到蜥蜴家族，
我们的世界依旧充满欢喜。
灿烂的阳光，
潮润的雨点，
鲜绿的小草和树木。
生活每天既简单又幸福。

出来看看吧，
不要害怕，
来到我的世界里。

想听听蜥蜴家族的远亲
——鬣蜥的故事吗？
它们居住在南美，
个头比蜥蜴大，
但我们长得十分像。

我们一起去过很多地方探险，
惊险和有趣的事情有一箩筐。

出来看看吧，
我们做个伴儿，
疫情里缺少的是友谊。

我在这里等你……

第四部分

诗歌类

蓝莓的味道

花园里的蓝莓树
长出了绿绿的果子

我拎着小桶
每天一遍一遍地把水浇

小鸟跳上枝头
每天都来瞧瞧

这蓝莓是什么味道
我和小鸟都不知道

初夏的一早
鸟儿叽喳地叫

啊！几颗莓子变蓝了
我好想把它们吃掉

小鸟侧头看着我
像在问我：有没有先来后到？

我悄悄地走开
让它先尝尝这蓝莓的味道

小 鹿

南飞大雁排成行，
鹿儿进院找食粮。
天气渐冷找食难，
互相帮助齐分享。

窗户上的叶子

窗外
下着大雨
一片叶子

贴在窗户上
棕红色
道道叶脉
如同张网

它像在试着避雨
一冲一冲想钻进窗

雨停了
请它进来
书本成了它的新家

月光桥

亲人地球那边，
我在地球这边。
病毒阻隔了回家的路，
中秋团聚有多无助……
月光架起一座桥，
搭在彼此餐桌上。
同款月饼齐分享，
同庆佳节心欢畅。

第四部分

诗歌类

月亮上的派对

月亮圆圆挂天上
嫦娥姐姐心欢畅
请来玉兔和吴刚
围在圆圆桌子旁

圆圆杯里桂花香
圆圆月饼圆盘装
桂花馅里藏蛋黄
蛋黄圆圆像月亮

刀子和叉子

刀子是一位雕塑家
他喜欢雕刻
边工作边唱歌
"咔咔，咔咔"
他每一次的挥舞
都把碎片留下

叉子是他最忠实的伙伴
每次刀子掉下些碎块
叉子总是第一时间
去默默帮他打扫
叉走他留下的残渣

第四部分

诗歌类

新 家

海边捡到一个海螺
里面传出海的声音
好像在说什么

沙漠中来的客人们
——多肉植物
向往着海洋

把客人请进海螺的街巷
从此大家都不再寂寞
你说我唱

枫叶的一生

春天
一片嫩绿的小枫叶
在树妈妈的怀里出生
它用胖胖的小手
摸着习习的微风

夏天
小枫叶变强壮了
它伸着强有力的胳膊
上下挥舞
不停地做操运动

初秋
小枫叶知道要离开妈妈了
它哭呀哭
脸渐渐变黄
也想不出好的办法

深秋
小枫叶真的要离开妈妈了
它已哭不出声
脸憋得通红
使劲亲了亲妈妈

冬天
小枫叶轻轻地飘落
在妈妈的脚底扎根
大雪给它盖上被子
梦中它又回到了妈妈的怀中

中秋小诗二则

藏头诗——猜谜

【花】纹弯弯外形圆
【好】看好吃人喜欢
【月】字大大放中间
【圆】蛋两颗藏里面

中秋

想念亲人
发微信——
　约好同时看月亮

姥姥的抽屉

每次
姥姥开口一笑
神奇的抽屉就打开了
饼干
巧克力
各种零食都溢了出来

每次
我和姥姥在一起
那抽屉就会不停地开关
姥姥呀
您一定有魔法
为什么里面的零食总也吃不完

现在
神奇的抽屉还在吗
我要去姥姥家看一看

父爱——献给天下所有的好爸爸

（一）

爸爸挺起腰
豺狼虎豹全吓跑
孩子乐逍遥

爸爸一张嘴
玩笑故事说不停
孩子乐弯腰

（二）

爸爸爱坐沙发上
看电视或打瞌睡
就像土豆不会动。
可是……
孩子一喊："玩儿游戏！"
他就立马变青蛙
一跃老高
今天是爸爸的特权日
喝啤酒，吃烧烤
只要他喜欢
可以一直"坐"土豆

第五部分 科幻类

星宇学校

"爸爸，我不想去！"一个名叫艾琳的女孩喊道。站在旁边的爸爸叹了口气，无奈地说："你看看你的成绩。"艾琳愤怒地叫道："我会在地球努力学习的，爸爸，就别让我去金星了！……"

3021 年，在整个太阳系都可以找到人类的身影。人类生活在不同的星球，艾琳是一个地球上的普通女孩。因为她在地球上学习成绩不好，所以她的爸爸决定让她去金星上的一个叫——星宇的住宿学校上学。虽然女孩很不想去，但是她最终还是不得不同意了。

新的学期开始了，艾琳就乘坐着宇宙飞船来到了学校。学校的位置偏僻，四处除了学校，只有很多沙子和光秃秃的山。星宇学校看起来非常不结实，好像随时都会被风吹走，墙上白色的漆斑驳脱落。艾琳走上前去并用手指抠了抠墙皮，才发现这个学校是由一个很老的宇宙飞船改造的。她心里又笼罩了一层阴影。

上学的第一天，那里的老师们就给学生准备了一个电子考试。艾琳打开了电脑发现题目她都没学过。如果考试不及格，会不会不能在这个学校上学了？可她也不想灰头土脸地回地球呀。

这时，艾琳注意到旁边的一个孩子不慌不忙地做着考题，她好像心里很有数。艾琳迫不得已，决定把这个同学的答案换成她的名字。艾琳会编程，所以她很快就偷梁换柱了。

公布考试结果的时候，艾琳惊喜地发现，她得了一百分。但是，那个被抄袭了的同学得了零分。老师们很容易就查出了真相，他们狠狠地批评了艾琳。不管怎样，她还可以继续在星宇学校上学。

因为这件事，艾琳在学校的名声变得很不好，别的同学都不理她，倒是也不跟她吵架。他们像一点情感都没有似的。只有艾琳的室友——温蒂成为了她唯一的朋友。

温蒂是火星上来的人，她有亮闪闪的红色眼睛和非常显眼的红色头发。她说理解艾琳在考试时的做法，并且很高兴能有一个这么有主意的室友。她很喜欢讲笑话，性格活泼。唯一一点让艾琳感到奇怪的是她笑起来的样子。嘴角总是上翘到同一个角度，没有大笑和微笑的区别，怪僵硬的。

一个星期过去了。除了温蒂，还是没有一个同学跟艾琳说过一句话。每一堂课里的内容都晦涩难懂。艾琳又孤独又气愤，她越来越想回地球，离开这个让人窒息的讨厌地方。

艾琳突然想起，星宇学校以前是一座宇宙飞船，为什么不让它再次起飞呢？如果她能找到学校里的驾驶舱，就能开回地球了，她以前学过飞行。她连忙跟温蒂讲了她的计划。温蒂也觉得计划可行，说："我会帮你的！只是我还想继续留在学校。"

在星宇学校上学两年的温蒂已经知道驾驶舱的位置。到了晚上，温蒂把艾琳偷偷地带到驾驶舱，就与她匆匆告别了。

艾琳发现驾驶舱旁边有一个小小的房间，柜子里有全部同学的资料。她打开门一看，惊呆了。每个同学的名字下面都写着一个编号、生产日期和生产地点。原来，所有的学生，包括温蒂都是机器人！

艾琳急急忙忙地继续查着资料，她非常希望可以找到一个不是机器人的同学。但她找到的却是自己的资料。资料上写着：艾琳，编号XXX，生产地：机器人研究所（星宇住宿学校）。级别：高级情感机器人，记忆植入纯属虚构。

艾琳愣住了。她跟所有的同学一样都是机器人。她的爸爸和在地球的生活都是假的，她是不属于地球的。

艾琳坐着不能动，也不能思考。她应该何去何从呢？

第六部分 童话舞台剧

春天来了

时间：2018 年 3 月 28 日 -2018 年 3 月 29 日

地点：陈思家的花园

人物：小鸡、小兔、乌龟、小鸟、蜗牛、松鼠

第一场

旁白：天气好冷呀，早晨花园的草地上一片冰霜。春天什么时候才来呀？

小鸡穿着大衣登场："我好冷啊！"

小兔登场："是呀！小鸟还不能回来，我好想它！"

小鸡："我也是，我也想到暖的地方去。"

乌龟慢慢地登场："我刚种的花儿是不是冻死了呀？……那些种子是我辛辛苦苦收集起来的……"

松鼠登场："你们看到过我收集起来的松子吗？我又找不到了。春天快来了吧，我要吃新鲜的！"

帷幕拉上……

第二场

旁白：第二天早晨，太阳出来了，小草伸直了腰，头上顶着亮晶晶的露水。乌龟种的花也从土里钻出来了！

乌龟登场："我的花开了！春天来了！"

小兔登场："太好了！小鸟快回来了吧？蜗牛在哪里呀？"

蜗牛登场："我来了！土里好热！我该出来活动活动了。"

松鼠登场："有新鲜的松子了！"

小鸟登场："我飞回来了！这里天气好暖和！"

蜗牛："冬天的时候，《风铃报》停刊了，现在又可以复刊

了！"

小鸟："我又可以当主编了，你也可以当回副主编了！"

小鸡登场："小鸟主编迁徙的时候，我们都没有报纸看了。现在又有了，好想看！"

蜗牛："动物记者们要投稿了，主题是春天！欢迎踊跃投稿！"

帷幕拉上……

第三场

旁白：三个小时后，小记者小鸡写好了稿子，给了小鸟主编和蜗牛副主编。小记者小兔和松鼠会什么时候投稿呀？

小鸡登场："我的稿子写好了！你喜欢吗？"

小鸟登场："好，等一等别的动物投完稿我再看！"

蜗牛登场："小鸡，你写得好快呀！"

小兔登场："我的稿子写好了！希望可以登在《风铃报》上！"

小鸟："松鼠在哪里？"

蜗牛："应该还在吃松子呢。写的文章也应该是关于松子的。"

松鼠登场："来，我给你们念一念！"

　　　　"春天来，松子多，

　　　　采摘松子跑上坡！

　　　　松子香甜我最爱，

　　　　圆圆棕棕真可爱！"

蜗牛："写得真好！"

旁白：过了一会儿，《风铃报》出刊了！乌龟和别的小动物都迫不及待地看了起来……

乌龟："这次小记者们都写得很好，我最喜欢松鼠的文章！写得很生动。"

小鸟："太好了！春天真的来了！"

帷幕拉上……

第七部分 西班牙文译文

忧郁美丽的蝴蝶

花丛中飞呀飞
蝴蝶舞在春天里
她的美丽招嫉妒
可失明的痛苦无人知

又大又黑的眼睛
掩藏着她的悲伤
超凡的美丽
仍然非她莫属

忧郁美丽的她
比同伴都美
空洞的眼睛看不到别人
但别人都在注视着她

鲨鱼和三文鱼

一条三文鱼后面
游着一条鲨鱼
疲倦的它们追逐到了阿拉斯加
鲨鱼咬住三文鱼

三文鱼惊恐地大喊：
"不要！请你不要吃我
我的生命短暂
发发慈悲吧！"

鲨鱼张开嘴
让它逃走
激流勇进
鲨鱼看着三文鱼远去

新年快乐

今天想与你干杯
我有庆祝的冲动
为了走过的这一年
也为了新一年的来临

很多好的和不好的事
在这一年已发生
它们会留在时光中
就像人生的各个阶段
留下了我们的足迹

今天想与你干杯
畅想美好的未来
把伤心的往事抛开
把消极的想法丢掉
听从命运的安排

我们要睿智的生活
并珍惜每一天
大自然和上帝
把我们带到这世界
和平生活
少犯错误
是我们的责任

虽然有时我们会感到压抑
还会在生命的路上摔倒
可现在我们要举杯庆祝
新年快乐！

春 天

春天来了
太阳加入了狂欢的行列，
杏花把一切都染上了颜色，
花朵，小鸟，昆虫和大树怀着爱
在春天的抚摸下苏醒。
白天越来越长
美景同样使我想放声歌唱
春天已经来了！
冬天远去了！

冬先生

冬天先生
穿戴成了白色，
披上了大衣
因为他冻得发抖。

他爬上了山，
钻进了河里，
公园和大街
也都变得寒冷了。

他站在雨中
哭呀，哭呀，
也站着呼啸的风中

第八部分 英文译文

(以下译文全部来自美国诗人——卡尔桑德堡)

泡 泡

两个泡泡发现了它们身上的彩虹。

泡泡破裂时，说：

"作为泡泡的一生是值得的，虽然只拥有过三十秒的彩虹。"

夏天的草

夏天的草渴望着，并小声地说着话。

它祈愿；它呼唤着，它唱着歌；它把愿望诉说给天上的星星。

雨听见了它的呼唤；雨回答了它的呼唤；雨慢慢地来了；雨水打湿了小草的脸。

汤

我看到了一位名人正在喝汤
我说，他正举勺一下一下把浓汤递进嘴里
那天，他的名字以大而黑的字体
在报纸头条上出现
成千上万的人都在议论他

但当我见到他时，
他只是在一个盘子前低着头
一口一口地用勺子喝汤

星 星

星星多得数不清
星星形成六个角和七个角
星星无语，却又诉说着一切
星星仿佛稀稀疏疏
遥远的星星无法回答
你的询问

CPSIA information can be obtained
at www.ICGtesting.com
Printed in the USA
LVHW081642220622
721765LV00003B/73